世界上最伟大的
推销员

（美）奥格·曼狄诺◎著
张艳玲◎编译

民主与建设出版社

图书在版编目（CIP）数据

世界上最伟大的推销员 /（美）奥格·曼狄诺著；张艳玲编译. —北京：民主与建设出版社，2017.8

ISBN 978-7-5139-1632-5

Ⅰ.①世… Ⅱ.①奥…②张… Ⅲ.①推销–通俗读物 Ⅳ.① F713.3-49

中国版本图书馆 CIP 数据核字（2017）第 162497 号

©民主与建设出版社，2017

世界上最伟大的推销员
SHIJIESHANG ZUIWEIDA DE TUIXIAOYUAN

出 版 人：	许久文
著　　者：	（美）奥格·曼狄诺
责任编辑：	王　倩
出版发行：	民主与建设出版社有限责任公司
地　　址：	北京市海淀区西三环中路 10 号望海楼 E 座 7 层
电　　话：	010-59419778　59417747
印　　刷：	三河市天润建兴印务有限公司
开　　本：	710mm×1000mm　1/16
字　　数：	130 千字
印　　张：	15
版　　次：	2017 年 10 月第 1 版　2018 年 1 月第 2 次印刷
标准书号：	ISBN 978-7-5139-1632-5
定　　价：	36.80 元

注：如有印、装质量问题，请与出版社联系。

前 言
PREFACE

推销是生产者与消费者之间的纽带，是发展商品经济必不可少的环节。随着商品经济的蓬勃发展，推销的地位日益重要，作用日益巨大，任务日益繁重。推销工作的好坏，已经成为影响商品经济发展的重要因素。

随着我国经济的不断发展，推销员的队伍在不断壮大，成为一名优秀、顶尖的推销员，是众多推销员梦寐以求的事情。

而作为一名推销员，光有美好的梦想和踌躇满志的热忱是远远不够的，还要掌握推销工作的专业知识与推销技巧。比如，一名推销员从迈出公司门口到与客户达成共议这一过程中，需要推销员完成一系列的具体工作——如何从众多的人群中选出具有购买欲望的客户？什么时候开始和客户面谈？什么样的言辞能够打动客户？怎样揣摩客户的心理活动？如何能够与客户成功交易……这一系列的问题都是摆在推销员面前的荆棘与坎坷。

因此，在一些推销员心里，把销售看做是一项艰

前言
PREFACE

难的工作，可是事实并非如此。在成功的销售事例中，有的推销员只是借用了一个微笑，就打动了客户的心；有的推销员只是讲了一个故事，就与客户成为好朋友；而有的推销员只是简单地说了几句话，就获得了客户的赞同。可见，推销既是一门科学，也是一门艺术。正确认识现代推销活动的基本原理、敏锐洞悉推销工作的一般规律、熟练掌握推销的方法和技巧，是每一位推销员的成功秘诀。

但我们也应该看到，有一些推销员存在着不注意自己的形象，不懂得推销的技巧，不知道怎样去发现客户、挖掘客户，不善言辞等问题。要想在推销界有所发展，对推销的方方面面不了解是不行的。而本书就是要帮助这样的推销员一步步向更专业的方向迈进。

每个梦想成功的推销员都可以从本书中广征博取，培养全新的推销习惯、素养、技巧和心理，迅速提升销售能力和业绩。将此书所总结的销售经验和点滴智慧运用到实战中，你一定会取得惊人的成就。仔细阅读本书，下一个金牌推销员就是你！

目录
CONTENTS

第一章
推销是一项伟大的工作

001
- 01 推销员是使者而不是乞丐 / 002
- 02 推销可以让你富有 / 005
- 03 让别人知道你是一名推销员 / 008
- 04 将推销入生活 / 010

第二章
心态是成功推销的第一步

013
- 01 相信自己会成功 / 014
- 02 虚心接受他人的忠告 / 017
- 03 热情让你的工作更出色 / 020
- 04 努力克服恐惧心理 / 023
- 05 把"不可能"从你的字典中删掉 / 027
- 06 成功的推销离不开毅力 / 030
- 07 保持乐观的精神 / 033
- 08 修炼耐心，坚定推销 / 037
- 09 坚持不懈，直到成功 / 041
- 10 不达目的不罢休 / 045

11 为明确的目标而行动 / 049

12 执著，向成功迈进 / 053

第三章
给客户留下良好的第一形象

057

01 建立有利的第一印象 / 058

02 修炼令人愉悦的气质 / 061

03 仪态大方，体现素养 / 064

04 语言魅力不容忽视 / 066

05 首次面谈，重视礼节 / 069

06 穿着一定要得体 / 072

07 谈吐优雅，成功推销 / 076

08 如何递接名片 / 079

第四章
掌握推销的语言技巧

081

01 发现对方的兴趣点 / 082

02 合理说明结合生动描述 / 085

03 让自己的声音更加动听，充满魅力 / 088

04 引导对方多说"是"少说"不" / 092

05 不同的顾客不同的说服方法 / 097

06 恰当的提问可以使销售更畅 / 0101

07 少说"我"多说"你" / 107

08 让幽默为推销注入活力 / 111

第五章
真正的推销从拒绝开始

115

01 人们为什么会拒绝 / 116
02 为拒绝做好准备 / 118
03 消除客户的成见 / 121
04 正视失败与拒绝 / 124
05 让拒绝成为前进的动力 / 127
06 从被拒绝中学会推销 / 131
07 积极面对客户的拒绝 / 134
08 给顾客一个购买的理由 / 138
09 恰当地处理客户的抱怨 / 141

第六章
你也能成为推销赢家

145

01 一个好的开场白至关重要 / 146
02 拜访前做好积极的准备 / 149
03 思考必须存在于推销之中 / 152
04 推销中不可缺少心理战术 / 155
05 争取并珍惜与客户面对面的机会 / 158
06 精通你所销售的产品 / 162
07 重视细节制胜 / 165
08 正确对待竞争对手 / 168
09 做一个"心灵捕手" / 172
10 善于倾听更受客户的欢迎 / 176

11 不可忽视微笑的魅力 / 180

12 及时捕捉成交的信号 / 184

第七章
客户是你永远的朋友

187

01 对待客户千万不要以貌取人 / 188

02 吸引客户的方法 / 192

03 热情地对待你的每一位顾客 / 194

04 站在客户的角度考虑问题 / 197

05 取得客户的信任 / 200

06 永远做客户最好的顾问 / 203

07 处处留心皆客户 / 205

08 用赞美敲开顾客的心 / 209

第八章
不能忽视售后服务

213

01 真正的推销使于售后 / 214

02 成交结束，服务开始 / 217

03 售后服务是推销的延续 / 219

04 永远不会结束 / 222

05 给顾客提供最完美的售后服务 / 224

06 永续服务，永久客户 / 227

07 与客户联络感情 / 230

第一章
推销是一项伟大的工作

推销员将优质的产品卖给客户的同时，自身也得到了巨大的发展，所以说推销是一门双赢的艺术，在帮助了别人的同时自己也赢得丰厚的回报。推销工作是最具有挑战性的工作，也是最刺激的工作，最具有竞争力的工作，更是一项最伟大的工作。

01 推销员
是使者而不是乞丐

推销是当今企业需求量最大，也是个人发展空间最大的一个行业。真正意义上的推销，不仅是商品的推销，还包括自我的推销，不仅要让客户喜欢你的东西，更要让客户喜欢上你。

但一些推销员在看待推销这项工作时，只把它当作一种谋生的手段，而不是实现其社会价值的方式。因为对待推销这项工作的不同态度角色，推销员便产生了两种心理：乞丐心理和使者心理。所谓乞丐心理，认为自己是请别人、乞求别人帮忙来办成某件事情。乞丐心理的推销员在推销时非常害怕客户提出反对意见。一旦听到反对意见，他们马上就觉得成交将失败。这使得推销员一直处于紧张的状态中，不能自由地与客户进行心贴心地交流。

生活中你可能会遇到这样的推销员，他们经常会这样抱怨："现在客户越来越难开发""到嘴的鸭子给飞了""他老是对我心存戒备，好像我会谋害他一样"……这就是怀有乞丐心理的推销员。

第一章
推销是一项伟大的工作

而拥有使者心理的推销员却正好与之相反，这是当今流行的推销员心理模式，是一种鼓励自己、提高自己自信心的措施。

你去走访一个客户，不是求他购买产品，而是向他介绍或推荐一种对他有用（有利）的赚钱的产品，这就好比医生上门看病，给患者带来的是便利、实惠。你今天迈进某个店铺，是这个店铺的福气，因为你将给他们带来一些意外的惊喜，你将给他们带来便利或赚钱的机会。总之，你是光明的使者，你手中的每一个产品，都可能会给客户一个获利的机会。

每个人在内心深处都会给自己一个角色定位，即我是什么样的人，在现实中扮演什么样的角色。在这种角色定位下，人的大脑会通过各种信息渠道来收集有关这种角色定位的办法，最终通过行动来实现意识中的自我。

而拥有乞丐心理和使者心理的推销员就是两种角色定位，这两种心理模式下的精神状态是不一样的，展现在客户面前的气质、信心也不一样，最终取得的销售业绩也肯定会有差别。推销员推销的不仅是产品，更是推销自己。在使者心理模式下，更容易将自己推销出去，取得客户的信任。因此，一个优秀的推销员必须拥有使者的心理。

正因为公司的产品对客户有用，你才不辞辛苦地赶来向他介绍、推销。你是来帮他满足、解决各种需求的，你为什么没有信心？当你意识到自己的职责就是诚恳地为用户（客户）服务时，就很容易摆正心态，树立起自信心。而拥有了这种心态，推销就不是一种负担，而是一种奉献，是一种乐趣，你的精神状态会得到很大改善，你的客户就会用期待的目光迎接你。此时，你的推销就有了成功的可能。

其实，推销是一项生动活泼、内容丰富的活动。在这一过程中，除为客户提供产品、提供服务外，还能给推销人员带来许多良好的心理感受和体验，从而产生成就感和满足感，自己的社会价值不断得到实现。同时，在与客户的交往过程中，推销员还能不断提高和发展他们的观察力、随机应变能力、自制力

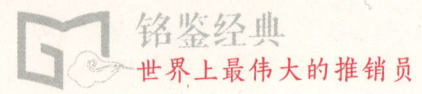

和一系列可贵的品质，从而使其整体素质得到提高。这正是人们从推销这项工作中获得愉快和满足的原因。从这点上来说，推销是一项伟大而有意义的工作。

有心理学家曾经指出：人体心理中的积极性因素是一切活动能力的来源。在使者心理模式中，你可以不断地调整自己的情绪。比如，当你遭到客户的拒绝时，就会有一种受挫感，但是使者心理会让你重新调整自己，并不断地进行心理暗示，鼓励自己，给自己打气，相信自己一定能成功，之后，你的大脑就会指导你的行为：你要与客户作诚恳的沟通，集中精力找出客户拒绝的症结所在，沟通的语气要稳重，要坦诚友好，等等。这样，你就会永远处于一种斗志昂扬的状态中。

拥有了使者心理，在推销过程中遇到的种种困难也会迎刃而解。你会非常自信，能轻易地摆脱糟糕的境遇，最终走向成功。

推销员语录

推销人员有时像演员，但既已投入推销行列，就必须敬业、信心十足，且肯定自己的工作是最有价值和意义的。

第一章
推销是一项伟大的工作

02 推销可以让你富有

要想取得事业的成功离不开推销，要想实现自我价值也离不开推销。推销是我们生存在这个世界上所必须具备的能力。

身处现代社会洪流，我们每个人必须把自己推销给社会。其实，我们每个人都在从事推销工作，因为我们无时无刻不在推销自己的思想、观点、产品、服务等。推销无时无刻不在发生，当美国举行总统大选时，候选人以自己的执政纲领、言谈举止等通过新闻媒体，将自己推销给全体选民；当微软将推出自己的视窗操作系统时，是将自己作为未来世界的标准推销；当张朝阳提出"注意力经济"的理念时，是将"搜狐"推销给上网者及公众；当周杰伦在各地巡回演出时，是把自己的形象和音乐推销给众多的歌迷……可以说，推销无处不在，无时不有，无论你是三岁顽童，还是八旬老翁；无论你是政治家、歌星、艺术家、商人，还是普通老百姓，都需要推销。

总统的每一届竞选，实质上就是一个推销总统的班子；教授的每一次著书立说，实质上就是一次推销行动，推销自己的思想，传播自己的理念；学生也需要推销，无论是博士、硕士，还是大学生，在进入社会后，你要把你的才华，把你最美好的一面，展示在招聘者的面前，这都是推销。至于企业家、商人，推销更是已经融入他们的生命。所以推销是显示一个人的才能和本领的工作。

很多人都希望自己富有，拥有高档住房、名牌汽车，这些都离不开钱。那么，怎样才能更快、更多地赚到钱呢？据统计，80%以上的富翁都曾做过推销人员。美国管理大师彼得·杜拉克曾经说过："未来的总经理，有99%将从推销人员中产生。"世界著名的华人富豪，如李嘉诚、蔡万霖、王永庆等，他们都是从做推销员起步的。他们的学历有限，但却不辞辛苦地通过推销积累经验，累积本钱，终于成就了自己的事业。李嘉诚推销钟表、铁桶，从中学到了做事业的诀窍；王永庆卖米起家，利用其灵活的经营手段，成就其塑胶王国；蔡万霖与其兄蔡成春从酱油起家做成世界十大富商……

第一章
推销是一项伟大的工作

只要你会卖东西,你就能赚到钱;卖得越多,赚得就越多。在日常生活中,买卖随时随地都在进行。钱从这个人的口袋里流出,进入了那个人的腰包,然后又从那个人的腰包流出,进入了另一个人的口袋。你只要想尽办法让钱进入你的腰包,你就富有了。

一个乡下人去上海打工,向不见泥土而又爱花的上海人兜售含有沙子和树叶的泥土做"花盆土",结果赚了大钱。美国罗氏公司的创办人艾德·罗把沙土和锯屑放在纸袋里,在袋子上写着:"猫儿厕,能除湿去臭,问你的猫儿就知道。"结果创造了25亿美元的销售额。

不管到什么时候,也无论你预备将来做什么,推销对每一个人来说真的很重要。一旦你证明了自己具有推销能力,成为推销高手,你就可以在任何时间、任何地点为任何人工作,因为有许多人需要你,而你也会因此而变得富有。推销是人生必修的一门功课,它使你的人生更加辉煌。

推销员语录

在取得一鸣惊人的成绩之前,必先做好枯燥乏味的准备工作。

03 让别人知道
   你是一名推销员

长久以来,人们对推销的认知较低,推销员是一个最容易被人误解甚至看轻的职业。但随着社会对推销的高度重视以及市场的高度发展,人们开始对推销的本质有了更深的认识。

然而,世界各地有许多推销员,至今仍羞于承认他们的职业,而使用各种头衔来掩饰自己是推销员的身份,如代表、顾问、中介、助理、行销专家、经理人、律师、传销商、业务执行、经纪人……他们一直不愿公开承认自己就是推销员!

乔·吉拉德说:"选择推销这个职业,就注定选择了艰难。但是,如果推销员将它作为一门有规则、标准和原则的职业去做,那么就可以靠它取得成功,为我们带来金钱和情感上的满足。"

事实上,推销这一工作既能给自己带来不菲的收入,又能给他人带来好处。不要害羞,勇敢地告诉别人,让别人知道你是一名推销员,让他们了解到,这项职业其实给了你一个帮助他人的好机会。医生治好病人的病,律师帮人打赢

第一章
推销是一项伟大的工作

了官司，解决了他人的困扰，而推销员则为世人带来舒适、幸福的服务。

通常，成功的推销员会为自己所取得的成就感到满意。大多数成功的推销员为人处世也很成功，他们乐于听取朋友的意见和忠告，而在推销过程中培养出来的自信也帮助他们克服了许多困难。

就像杰出的运动员一样，推销员都是斗士，必须有必胜的决心。他们乐于因胜利而为人称颂，喜欢一遍又一遍数着成功的果实。

当推销员与客户成交一笔生意之后，双方都不是失败者，这是一种双赢的胜利。如果是一笔好的交易，买者和卖者都是胜利方，而这正是推销的魅力所在。还有什么职业比这更好的呢？告诉全世界的人，你为自己的胜利感到骄傲，并且要立刻走出门去，再谈另一笔生意！

你应该为你是一名推销员而感到骄傲！

想成为冠军推销员吗？那么首先要记住的是：推销并不是用来果腹的简单工作，而是一项帮助你登上成功高峰的事业，是一项伟大的事业！

托尼·高登说："每一个推销员都应以自己的职业为骄傲，因为推销员推动了整个世界，如果我们不把货物从货架上和仓库里面运出来，整个社会体系的钟就要停摆了。"身为一名推销员应该以推销业为荣，因为它是一份值得别人尊敬以及会让人产生一种成就感的职业，如果有任何方法能使失业率降到最低，推销即是其中最必要的条件。

推销员是一个美妙的职业。从你开始工作的第一天起，就会发现，推销不像其他职业那样单调，日复一日。你会发现你所遇到的人、事情每天都是不同的，你每一天都要将幸福送出去，每一天都会有新的东西等你去了解，去学习，去获取！因此，在这个舞台上，你可以看见自己的最佳表现。此外，由于接触到多种多样的人，你会不断地积累方方面面的知识，厚积薄发，这些资本日后就是你成功或者晋升管理层的基石！

现在，请你大声、勇敢地喊出来："我是一个推销员，我是一个从事伟大事业的人!"一定要用心感受推销工作的伟大,热爱你的工作,并且记住,你成功的第一步已经迈出!

推销员语录

推销并不存在于真空状态中,事实可能会超乎想象。

04 将推销融入生活

作为推销员,想要交易成功,关键是要以"客户的需求和期望"为推销导向,站在客户的角度看问题,并帮助他解决问题,而要做到这些,需要推销员能够潜入对方的生活,将推销生活化。

其实,每一个推销员都知道替客户着想的道理,但大多数人还只是停留在口头上,而在实际行动中却不愿意多付出一些。要想得到就要首先付出。只有你对客户付出你的关爱,客户才会回报你信任,从而促成交易。因此,我们强调,替客户着想必须要本着"买卖是真爱"的原则。

有一次,弗兰克去拜访一位客户,他看见客户5岁的小女儿正在地板上玩耍。小姑娘很可爱,弗兰克很快就成了她的好朋友。

第一章
推销是一项伟大的工作

小姑娘的父亲忙完手中的工作后走过来与他打招呼，他说很久没有买弗兰克的产品了。弗兰克并没有急于向他推销什么，只是夸他有个可爱的小女儿。

这位客户对弗兰克说："看得出来你真是喜欢我女儿，如果方便的话，你晚上来我家参加她的生日宴会吧，我们家就在这商店附近。"

弗兰克办完事后，真的去参加那个小女孩的生日宴会了。

宴会上大家都很开心，弗兰克一直到最后才离开，当然手里多了一笔订单——那是弗兰克从未有过的一笔大订单。

弗兰克并没有极力推销什么，只不过对客户的女儿表示友善而已，这样一来就和客户建立起了良好的关系，从而达到了自己的目的。

走进对方的生活，客户可能会更容易接受你，从而能够接受你的产品。善于推销的日本人有一句极经典的话："买卖是爱"。

丰田公司的神谷卓一曾说："接近客户，不是一味地向客户低头行礼，也不是迫不及待地向客户介绍产品，这样做，你可能只能让他反感，极不利于销售。与其直接介绍产品，不如谈些有关客户太太、小孩的话题或谈些生活中的小事情，让客户喜欢你，愿意与你做生意。因此，接近客户的重点是让客户对你这个推销员抱有好感。"

婴儿用品销售员史密斯很想在一家大型商场里搞一次促销活动。他已经拜访了四次，距离自己预想的活动时间越来越近了，可是商场的经理一直都没有表现出想参与的意思，并且拒绝接见史密斯。不得已，史密斯只得寻找另外的突破口。经过多方打听，史密斯得知这位经理是一个铁杆篮球迷，而且还是公牛队的球迷。

于是在一个周五的下午，他通过经理的秘书给经理递了一个纸条：在下周的比赛中，肯定是湖人队战胜公牛队。不出5分钟，这位经理就让秘书请他进去。一进门，经理就对他嚷道："怎么可能是这样呢？肯定是公牛队大胜湖人队。"史密斯随后就说了自己的见解，并且坚定地认为公牛队在下周是不会大

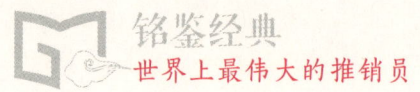

胜湖人队的。经理听得非常认真，而除此之外，他们根本就没有谈论任何有关促销的事情。两个多小时以后，史密斯起身告辞，并且还拿出一张球票说："票就在这里，要不，我们一起去看看，看谁说的是对的，怎么样？"经理非常高兴地收下了球票，并且还说自己的判断肯定不会错。就在经理接过球票的时候，他说："听说你准备在我的商场里搞一次婴儿用品促销活动，这样吧，我们一起先好好准备活动。弄完之后，我们一起去看球赛，我要亲眼看到我的公牛队把你的湖人队打得大败。"

当然，促销活动成功举办了，他们两人也成了很要好的朋友。

一名优秀的推销员要有智慧的头脑，但是所有的智慧根基都是勤奋。所谓机会是给有准备的人的，要想融入客户的生活，你就要对客户的各种资料都了如指掌，这样，才能够创造机会，从而达到预期的目的。

推销员语录

如果你将个人兴趣和你的工作结合起来，那么你的工作将不会显得辛苦和单调。

第二章
心态是成功推销的第一步

　　心态决定一切。要想成功推销，必须有一个正确的心态。如果有信心、耐心、热情，并不断地努力，你的意志会更加坚定，工作效率也会更高，而你也会更有人缘，因此，你的业绩也会不断提升。当你端正了心态，你的人生将会像夏日升起的朝阳，充满了希望。

01 相信
自己会成功

  自信可以说是销售成功的第一秘诀。相信自己一定能够取得成功，这就是销售人员取得成功的先决条件。乔·吉拉德说："信心是销售人员胜利的法宝。"乔·坎多尔弗说："在销售过程的每一个环节中，自信心都是必要的成分。"如果缺乏自信，害怕与客户打交道，最终只能是一无所获。

  艾尔墨·惠勒受某公司之聘担任推销顾问，负责销售的经理让他注意一件令人感到非常奇怪的事：有一位推销员，不管被公司派到什么地方，也不管给他定多少佣金，他平均所得总是挣够5000美元，不多也不少。

  因为这个推销员在一个比较小的推销区干得不错，公司就派他到一个更大、更理想的地区。可是第二年他获得的佣金数同在小区域干的时候完全一样——5000美元。第三年，公司提高了所有推销员的佣金比例，但这位推销员还是只挣了5000美元。公司又派他到一个最不理想的地方，他照样拿到5000美元。

  惠勒跟这个推销员谈过话后发现，问题的症结不在于推销区域，而在于他的自我评价。他认为自己是个"每年赚5000美元"的人。有了这个概念之后,外在环境似乎对他就没有什么影响了。

他被派到不理想的地区时,他会为5000美元而努力工作;被派到条件好的地区时,只要达到5000美元,他就有各种借口停步不前了。有一次,目标达到之后,他就生了病,那一年什么工作也没有再干。医生并没有找到生病的原因,但第二年一开始,他又奇迹般地恢复了健康。

所以,不管你是什么人,不管你自认为多么失败,你本身仍然具有能使你成功的能力和力量。自信,强烈的自信,可使人受到激励而想出各种可行的方法和技巧,同时,"相信自己一定成功"也会使别人对你产生信任和好感。

自信,是每一个成功人士最为重要的特质之一。推销员在日常工作中,会遇到各种各样的失败,遭遇很多在其他职业中不曾遭遇的尴尬。在这种情况下,推销员更要正视自己,鼓起勇气面对自己的顾客。"走自己的路,让别人去说吧。"对于个人的成败而言,关键是自己是否肯定自己,"打败自己的往往不是别人,而是你自己。"

一位先哲曾经说过:"自信是走向成功的敲门砖。"自信对推销员而言是十分重要的,那么如何培养你推销的心灵力量呢?作为一名专业推销人员,你必须注意以下几点:

1. 目光正视别人。

"眼睛是心灵的窗户",通过一个人的眼神可以获取许多信息。如果你的目光老是回避别人,会让对方感觉你在害怕什么或者做什么对他不利的事,从而开始有了戒备心理。

正视别人是一种积极的、不回避的态度,是自信的表现。不正视别人通常意味着:我怕你,在你旁边我感到很自卑,我不喜欢你等含义。而正视别人等于告诉他:我很诚实,而且光明正大。相信我告诉你的话是真的,绝不虚假。

所以，千万不可忽视你的眼睛。你为别人工作的时候，就让你的眼睛成为你的雇工，为培养你的自信工作。让你的眼神专注别人，这不但能给你信心，也能为你赢得别人的信任。

2. 努力提高自身能力。

凡是有关的职业和产品的知识你都要学习。你了解的内容越多，对自己推销的产品的信心就会越足，把知识运用到实际推销中的劲头也就越大。你越是贴近专家身份，就越是能够得到客户的尊敬和认可，并从中受益，要知道人们对专家是非常迷信的。

3. 鼓足勇气敢于当众发言。

在日常的工作总结、推销培训以及面对客户的时候，你经常会发现有些同事沉默不语。其实，不是他们缺乏能力，一无是处，主要是他们缺乏自信。拿破仑·希尔指出，有很多思维敏锐、天资聪慧的人，却无法发挥他们的长处参与讨论，并不是他们不想参与，而只是因为他们缺少信心。要想得到别人的重视，首先就要自己相信自己，自信让你战无不胜。

从积极的角度来看，多给自己锻炼的机会，就会增加信心。不要在心理上有负担，因为总会有人同意你的见解，所以不要再对自己说："我怀疑我是否敢说出来。"不论是参加什么活动或是什么会议，每次都要积极主动发言，无论是评论、建议或提问题，都不例外。

在日本，有这样一家培训机构，它主要是对人进行信心的培养，进入这里学习的人，技能、技巧方面的知识和经验已经足够了，需要的就是十足的信心。从这里走出去的人，一定要敢于到校外的主要街道上大声叫喊"我是最优秀的……"，这样才能获得毕业证书。

这样的练习会增强你的自信。

总之，一个人只有先相信自己，别人才会相信你。多诺阿索说："你需要推销的首先就是你的自信，你越是自信，就越能表现出自信的品质。"一个人一旦在自己的心中把自己的形象提升之后，其走路的姿势、言谈、举止，无不显示出自信、轻松和愉快，从而拥有成功的资本。

作为一个拥有自信的推销员，要相信自己的产品，相信自己的企业，相信自己的能力，更重要的是相信自己一定能取得成功。拥有这种自信，才能使推销人员发挥出才能，战胜各种困难，最终取得成功。

推销员语录

加油吧，持续你的努力，每天，每月，积累一点一滴的进步，原本今天无法实现的梦想，明天，就可以得到丰硕的成果。

02 虚心接受
   他人的忠告

忠告是智慧的结晶，对待忠告，人们通常会有两种态度，一种是结合自己的理智把它当作终生的座右铭；另外一种是听时觉得很有道理，但转过身就丢在了脑后，只有在得到教训之后，才能领悟其中的哲理。

在人的一生之中，总是会遇到这样或那样的问题。当出现问题的时候，有人及时给予我们忠告,一定要正视它,并因此寻求解决之道,如此,才能使我们的人生更有意义。

古代,一位进京赶考的书呆子无意间捕获了一只会说人话的鸟,他异常惊奇。

"放了我,"这只鸟说,"我将给你三条忠告。"

书呆子以为能得到什么意外的好处,便说:"先告诉我,我发誓我会放了你。"

"第一条忠告是:做事后不要懊悔;第二条忠告是:如果有人告诉你一件事,你自己认为是不可能的就别相信;第三条忠告是:当你爬不上去时,别费力去爬。"

然后鸟就对书呆子说:"该放我走了吧。"

书呆子觉得什么也没得到,很失望地放了鸟。

这只鸟飞起后落在一棵大树上,并大声喊道:"你真愚蠢!你放了我,但你并不知道在我的嘴中有一颗价值连城的大珍珠。正是这颗珍珠使我变得这样聪明。"

书呆子一听,顿时来了精神,他想如果他拥有那颗珍珠就一定能考上状元,于是书呆子急不可耐地开始爬树去抓鸟。

但是当爬到一半的时候,他掉了下来并摔断了双腿。

鸟嘲笑他并向他喊道:"笨蛋!我刚才给你的忠告你全忘记了。我告诉你一旦做了一件事情就别后悔,而你却后悔放了我;我告诉你如果有人对你讲了你认为是不可能的事,就别相信,而你却相信像我这样一只小鸟的嘴中会有一颗很大的珍珠;我告诉你如果你爬不上去,就别强迫自己去爬,而你却追赶我并试图爬上这棵大树,结果掉下去摔断了双腿。"说完,鸟就飞走了。

自古忠言逆耳。其实忠告无需特地去验证其真伪,因为有时候一旦去验证,是需要你付出一定的代价的。只因无知和偏见,把善意的劝告当成耳边风,会使得自己在不知不觉中落入危险的境地,正如例子中的书呆子一样。

每一个忠告都是带着经验和教训,如果你听了却不去遵守,那么忠告对你而言只是丰富了词汇语言,而不具有任何警示和指导作用。如果你遇见了"南墙",那些"过来人"忠告你别去硬着头皮往上撞,可你偏要撞个头破血流才肯罢休,结果你只看见墙那边的"臭水沟",那么你该埋怨谁?你为了一件不值得的事情白白忙活了半天,浪费了大量的时间和精力,你又能怪谁!

推销员语录

一次成功的推销不是一个偶然发生的故事,它是学习、计划以及一个销售代表的知识和技巧运用的结果。

03 热情让你的工作更出色

行销格言中有这样一句话:"要拥有奔放的热情,热情是决定推销成败的关键。"的确如此,推销是一项充满变数的事业。过去的数据与成绩不能为未来提供任何帮助,也许你昨天还在同行中独占鳌头,今天你却可能一个客户也拉不到。所以,从事推销工作的人员,需要有高度的热情,即强烈的成功动机,发自内心的对事业的热爱、真诚。

许多人对待工作都采取应付的态度,除了工作的前几天能够给他们带来从未经历过的新鲜感觉之外,他们可能从来就没有满怀热情地工作过。如果你做工作连起码的情趣都失去了,还怎么可能有所成就呢?

由于在一次棒球比赛中受伤,贝特格不得不返回家乡。接下来的两年时间里,贝特格每天骑着自行车在费拉得费亚的街道上四处穿梭,替一个家具商收取客户的分期付款,赚取来之不易的周薪。过了两年沮丧消沉的收款生活后,

第二章
心态是成功推销的第一步

贝特格打算找一份推销保险的工作。

接下来的 10 个月,是贝特格一生中最漫长、最沮丧的日子。在推销保险方面,他彻底失败了。他觉得自己天生不是当推销员的料。那段时间,他依照报纸上刊登的招聘广告,不断地应征船坞役等许许多多的工作。然而,他意识到自己无论从事什么工作,内心都被一种消极的情绪笼罩着,要想做好工作,必须先克服一直压抑着他的恐惧心理。

为了克服这种心理,他参加了戴尔·卡耐基的演讲训练课程。有天晚上,当贝特格正在发言时,卡耐基先生打断了他的话。

卡耐基先生说:"贝特格先生,停一下,停一下就好,请问你对自己所谈的内容有兴趣吗?"

"是的——当然。"贝特格回答他。

"那么,你为何不表现得热情一点儿?如果你不在你谈话的时候加些充满活力的动作,怎么能吸引听众呢?"卡耐基先生说。

卡耐基先生接着谈及热情的力量。他在谈话中表现得激情四射，甚至拿起一把椅子往墙壁丢去，并且摔断了一根椅腿。

当晚睡觉前，贝特格沉思了一个小时，他回忆起在约翰顿和纽哈曼打棒球的日子。他忽然发现，以前曾阻碍自己棒球生涯发展的缺点，现在又在威胁他的推销员生涯。

思考之后，他决心继续留在保险业，并把以前他用于打棒球的热情用在推销保险的事业上。这一决定成为他生命中的转折点。

第二天，贝特格拨出了一个电话，这是他决定勇往直前的第一次尝试。他决定让这位客户感受到自己的热情和积极，就硬着头皮去尝试。贝特格原以为对方可能会阻止他，并责问他出了什么问题，但客户并没有这么做。

于是，贝特格获得了与客户面谈的机会。面谈时，客户一直睁大眼睛听他谈话，除了提问题以外，客户从未打断他的谈话，最终的结果是，客户买下了这份保险。这位客户叫艾逊，是费城的一名商人。他们后来还成了好朋友，这位客户也是贝特格最好的支持者。

从那一天起，贝特格不断地卖出一份又一份保险。

贝特格坚信热情是推销成功的最主要因素。"热情的奇妙力量，使我的事业发展顺利！我并不是说热情就是硬着头皮去说服对方，但如果你能硬着头皮说话，会使你的内心变得热情起来。"

贝特格从事推销工作30多年的经验表明：热情使得推销员的薪水成倍增加，缺乏热情的推销员则容易走向失败。

美国心理学家、作家杜利奥说道："没有什么比失去热情更使人觉得垂垂老矣。如果精神状态不佳，一切都将处于欠佳状态。"热情往往是一个推销员在技巧日臻完善的时候所常常缺失的，而它对推销员的业绩有着十分重要的影响。一个人可以因为没有技巧丧失一些成交机会，但如果他丧失热情，他将失去全部。

第二章
心态是成功推销的第一步

没有谁命中注定能一举成功，也没有谁命中注定所向披靡，如果你想让你的工作更加出色，你就一定要有热情；如果你想永远处于巅峰状态，那么就要充满热情。因为只有你充满热情，客户才愿意与你成交，你才能掌握自己的命运。

推销员语录

如果我们想要为明天做最佳准备，就要将自己所有的能力和智慧，热情、积极地投入到今天该做的事情中。

04 努力
克服恐惧心理

几乎所有的艺术表演者都有过怯场的经历，在出场前都有相同的心理恐惧：一切会正常无误吗？我会不会漏词、忘表情？我能让观众喜欢吗？

克里曼特·斯通16岁时利用暑假帮母亲去推销保险，他按照母亲的指点来到一幢办公楼前。当他站在楼下的时候，他不知道该怎样去推销，徘徊了一阵后，他有些害怕了，想打退堂鼓。回忆这一段经历时，斯通说："我站在那幢大楼外的人行道上，不知道自己该怎样去做，更不知道自己能不能

023

将产品推销出去。我一面发抖,一面默默地对自己说:'当你尝试去做一件对自己只有益处,而无任何伤害的事时,就应该勇敢一些,而且应该立即行动。'"

斯通毅然走进了大楼。他想,如果自己被踢出来,就再一次壮胆进去,绝不退缩。斯通没有被踢出来,而且那幢办公楼的每一个房间他都进去了。在这一间办公室遭到拒绝后,他便毫不犹豫地去敲开下一间办公室的门,不断地劝说人们购买保险。

斯通几乎跑遍了办公楼内的所有办公室,最终有两位职员向他购买了保

第二章
心态是成功推销的第一步

险。虽然不是很多,但对斯通来说,这是他在推销保险方面迈出的重要的一步,同时,他还学到了该怎样去克服心理障碍并向陌生人推销的方法。

经过一天的推销,他发现了一个秘诀,就是从一间办公室出来后就立刻冲进另一间办公室,这样做是不给自己任何时间的犹豫,从而可以克服自己的恐惧感。

有一些推销员,在与客户协商过程中,目标明确、手段灵活,直至签约前都一帆风顺。但却在成交这关键性的一步上没有正确的成交心态,要么急于求成,要么恐惧害怕,使得原本已经成熟的时机瞬间白白溜走,与成交失之交臂,更是可惜。

在成交的决定性时刻,在整套推销魔法正该大展魅力的时刻,很多推销员却失去了勇气和掌控能力,忘了他们是推销员。

在这一时刻,推销员的心情完全改观。前几分钟他还充满信心,情绪高昂,但现在却毫无把握,信心全无了。这种情况,通常都是以生意丢失收场。

客户会突然间感觉到推销员的不稳定情绪,并借机提出某种异议,或干脆拒绝这笔生意。推销员大失所望、身心疲惫,脑子里只有一个念头:快快离开客户,然后心里沮丧得要死。

作为一名推销人员,在了解了自己心中的恐惧会干扰推销之后,就应该让自己勇敢地去面对它,绝不能让恐惧心理成为你成功交易的绊脚石。

推销工作其实是为他人提供帮助的职业,所以你不必害怕什么。签订合同这个推销努力的辉煌结果,不能被视为(推销员的)胜利,或者(客户的)失败,反过来也是一样,无所谓胜或败,应该说是双方都希望达到的一个共同目标,而推销员和客户,本来就不是对立的南北两极。

成交时,推销员说话的语气要平稳,表情要镇定,行为要稳重、自然。用"泰山崩于前而不惊"的态度面对一切,你才能够掌握整个局面,冷静而客观地分析客户的各种反应,并最终把握住成交的机会。

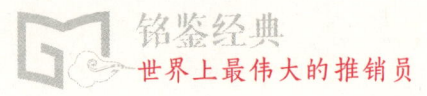

其实,你可以这样想一下:推销是给我的客户朋友推荐对他最有价值的东西,不是乞讨,不是欺骗,我知道这位客户需要我推荐的产品,因为我的前期准备和洽谈都清楚地说明了这一点。而且,你只要打定主意在整个事件中扮演向导的角色就对了。在推销商谈的一开始,你要抓住客户的手,一路引他走到目的地。

推销员的推销成绩与推销次数成正比,持久推销的最好方法是"逐户推销",推销的原则在于"每户必访"。但是,并不是每一个推销员都能做到这一点。

有些推销员面对比自己更有能力、比自己更富有、更有本领的人常常会表现出自卑感,从而把"每户必访"的原则变为"视户而访"。他们甩过的都是那些在心理上看来令人望而生畏的门户,而只去敲易于接近的客户的门。这种心理正是使"每户必访"的原则一下子彻底崩溃的元凶。

莎士比亚说:"如此犹豫不决,前思后想的心理就是对自己的背叛,一个人如若惧怕'试试看'的话,他就把握不了自己的一生。"

因此,无论是准备面对客户还是在与客户成交之时,首先都应该克服自己的恐惧心理,然后用积极的心态去激励自己,用自信、专业、热情的态度去征服她,相信自己,武装自己,成功就在眼前。

推销员语录

承认自己的恐惧毫不可耻,可耻的是你因害怕而裹足不前。

第二章
心态是成功推销的第一步

05 把"不可能"
从你的字典中删掉

永远也不要消极地认定什么事情是不可能的，首先你要认为你能，再去尝试，最后你就会发现你确实能。

戴夫·多索尔森开办了自己的公司之后，一面忙于培训推销员，一面还要做广告推销的工作。他在实际工作中总结出了许多经验，并把它们传授给学员，收到了很好的效果。

在培训推销员的过程中，戴夫·多索尔森发现许多推销员不敢提出较大金额的计划，因为他们害怕这样会把客户吓跑。

一次，一位名叫大卫的推销员在接受培训时告诉戴夫·多索尔森，自己在为客户制订广告计划时最多提出 1 万美元的预算，因为他认为如果再多的话，客户会拒绝。为此他很苦恼，于是想让戴夫·多索尔森帮他想一个办法。

"好吧，"戴夫·多索尔森说道，"我们先选定一个潜在客户，从本地的这家乳制品厂开始，怎么样？"

他们立即开始了行动。

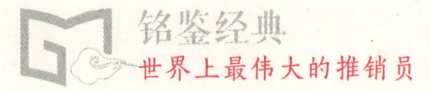

因为对这家工厂不了解,所以他们走访了许多食品店,希望能打听到这家乳制品厂的销售情况。通过调查,他们发现这家乳制品厂还有很大一部分潜在市场没有开发,而开发市场的最佳途径就是广告。

于是,戴夫·多索尔森制订了一份详细的调查报告,并根据报告为这家乳制品厂做了一个6万美元的广告计划。

当大卫得知戴夫·多索尔森的计划时,吓得脸都白了:"这不可能,他绝对不会同意的。我从来没有做过超过1万美元的生意。他会把我当成骗子的。"

戴夫·多索尔森安慰他说:"没关系,这个计划是根据大量的事实调查制订出来的,绝对不会有什么差错。就算他不同意,顶多把你赶出来,那又有什么关系呢?"

"好吧。不过我可不敢独自去,你陪我一起去吧,好吗?"

于是,戴夫·多索尔森以一个观察者的身份陪同大卫拜访了乳制品厂的

第二章
心态是成功推销的第一步

老板。

见到老板之后,大卫非常清楚地向老板表明了他的意图,并且详细地介绍了自己的计划,可是却始终不敢提那6万美元的预算。

当老板看到计划书上的金额时皱着眉头说:"我们从来没有在一个媒体上花费过这么大一笔钱,6万美元是我们一年的广告费,包括报纸、电视台和电台等。如果把这笔钱都投给你们,我怕效果不会太好。不过,你们的计划确实非常吸引人。这样吧,我付3万美元的广告费给你们,你们把计划书上写的每周一次改成两周一次,怎么样?"

大卫吃惊地睁大了眼睛,不敢相信老板所说的话。

"好的,就这么定了。"戴夫·多索尔森连忙替大卫答道。

经过这件事之后,大卫开始相信自己的能力,并且很快就成了一名出色的推销员。

只要你从你的字典里把"不可能"这个词删除,从你的心中把这个观念铲除,从你的谈话中将它剔除,从你的想法中将它排除,不要为它提供理由,不再为它寻找借口,把这个词和这个观念永远抛弃,而用光辉灿烂的"可能"来替代它,你就能够将"不可能"变为"可能"。

改造命运,不被"不可能"这类词汇难倒,一件件曾被认为不可能的事在一些人的手中变为可能,他们天生就是成功者。

在一个优秀的推销员的生活字典中,从来没有"不可能"这样消极的字眼。在任何有可能成功的情况下,优秀的推销员都会去尝试,并尽全力抓住一切可能的机会。因此,对于梦想成功的你来说,坚信你能,那么你就真的一定能,并一定能将一切"不可能"变为"可能"。即使别人做不到的,也要相信自己能做到。无论遇到多少挫折和阻碍,金牌推销员都会对自己的事业投入所有的专注与热情,相信自己最终一定会成功。

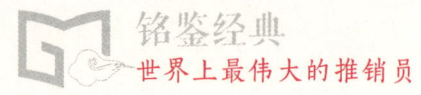

> **推销员语录**
>
> 如果你不能使自己全身心都投入工作中去，无论做什么，都可能沦为平庸之辈。

06 成功的推销离不开毅力

我们都知道，滴水可以穿石，铁杵可以磨成针。我们也知道，不论人们怎样去破坏，蜘蛛终会把网织成，这就是毅力的真谛。只要你有毅力，你终究会取得成功。

著名的成功学大师陈安之自己开了一家服装店，代理一个意大利名牌。这个品牌是世界顶级的，价格昂贵，全世界有44个国家的总统、元首、王子都在穿这种西装。

当初取得这个代理权时，他的确是费了很大的力气。

在他与意大利总店交谈时，一家台湾著名的服装店也同时在与意大利人谈。陈安之没有做服装代理的经验，但是，最终拿到台湾地区的代理权的人却是他。

10年前，陈安之到美国好莱坞的比弗利山庄买衣服，看中了现在他代理的这个品牌。当时，这样的一套西服要卖 3000 美元。陈安之心想，自己常常演讲，对优质西服的需求量很大，假如自己开一家服装店，代理这种西服，能够以批发价格穿到这样好的西服，岂不是很好？

但是他当时并没有下定决心。有一次他去马来西亚的吉隆坡演讲，在一家饭店里发现了他想代理的那个品牌。他找到经理，对他讲："我叫陈安之，我可不可以跟你们的总裁见一面。我想知道总裁在哪里？""总裁当然是在总公司，意大利罗马。"

陈安之说："经理，假如你今天能够帮我联系和总裁见一面，我愿意飞 20 个小时到罗马，只要总裁给 5 分钟的时间。"

但是，经理并不完全相信他的诚意，没有帮助他联系总部。1 个月之后，陈安之打电话给经理说："我是陈安之，你还记得我吗？我要取得台湾区域的代理。"他说："你真的想要做代理吗？"陈安之说："当然，我上个月就跟你明确表达过我的决心了。"他说："那你下个月再打电话来试试看。"

又过了1个月，陈安之打电话给经理，经理说："哦，你真的确定要代理那个品牌吗？"陈安之说："我已经讲得很清楚了。"但是那经理还是不相信。

第三个月经理还说："你真的确定了吗？"

直到第七个月，陈安之问经理有没有消息，经理说："总裁同意与你在吉隆坡见面，愿意给你5分钟。"

见面的时候，总裁问陈安之："你是做什么的？"

"我是作家、演说家。"

"你从事过服装业吗？"

"没有。"

听了回答，陈安之觉得总裁的表情很难看。但总裁还是说："如果你真的很想代理我们的产品，那就11月2日到罗马来找我。"

11月2日，陈安之乘坐了20个小时的飞机赶到罗马，早上8点钟，陈安之已经站在总裁办公室的门口。秘书说："对不起，总裁今天没空。"陈安之就在那里等，心想，总不能这样就走开呀。终于，等到12点55分，总裁抽出5分钟接见了陈安之，他说："你真的这么有兴趣，干脆1月份到我们百老汇的时装秀来。"

1月，陈安之又飞到了百老汇，总裁说："没空，你真的有兴趣请7月份再到罗马去。"陈安之7月又飞去罗马，他说："没空，你真的有兴趣，明年1月再过来。"

就这样，陈安之以少有的耐心和毅力飞了3年，总裁终于答应要见陈安之1个小时。

那次会面，总裁跟他的儿子还有公司4个高层请陈安之吃饭，30分钟之后，总裁对陈安之说："对不起，我和我的儿子要走了。"离开之前，总裁对资深的推销副总讲："让这个人取得代理权，从今天下午开始订货。"

最终，陈安之通过自己的毅力取得了最终的成功。保险推销大王原一平曾说："依照我以往的经验，无论面临何等艰难的事，只要有恒心和毅力坚持到底，定能从中培养出无比的热忱和信念。此种热忱和信念才能塑造出新的'自我'，此一新的'自我'就会带领你到达新的人生境界。"

在推销的过程中，说服别人固然需要技巧，但坚忍不拔的毅力更不可少，因为你的毅力在打动客户的同时，更能让他们相信，自己付出的金钱一定能得到相应的回报。

推销员语录

你愈有恒心，你就会发现自己愈陷愈深，所以成功的推销自己，也就是不断地克服障碍。

07 保持乐观的精神

一个成功的业务员最重要的一个心理品质就是乐观，这是一种在悲观者已垂头丧气时仍旧能看到机会的能力。

悲观主义者过分重视别人的意见和经验，把它们奉为金科玉律，而乐观主义者对待悲观论调，往往是充耳不闻。正是因为乐观，他们对成功的期望值很高，因为他们十分迫切地希望获得成功，所以，他们会努力、坚持。他们坚信，成功是必然的，只是时间的早晚问题，而目前的困难只是对自己最大的挑战而已。

乐观主义者不会受不祥的预感和世人的偏见所左右，即便同事们出师不利、四处碰壁，他们仍不会放弃执著的努力。

乐观的人在面对失败、挫折时，仍会保持沉着镇定，从容不迫，认真分析形势，并对战略进行调整，开始新的尝试。乐观主义的力量是巨大而无与伦比的，它可以使失败在转瞬间变为成功，可以让销售额一下子暴涨。

华若德克是美国实业界大名鼎鼎的人物。在他未成名前，有一次，他带领属下参加一个在休斯敦举行的商品展销会。令他感到沮丧的是，他的展览摊位被分配到一个极为偏僻的角落，而光顾这个角落的人很少。为他设计展厅布置的装饰工程师劝他干脆放弃这个摊位，认为在这种情况下要想展销成功几乎是

第二章
心态是成功推销的第一步

不可能的,唯一的办法只有等待来年再参加商品展销会。华若德克沉思了良久,他认为若放弃这一机会实在太可惜,而这个不好的地理位置并不能给他带来太多的顾客,因此他一直处在焦虑之中。

这个时候,他想到了自己创业的艰辛,想到了展销会组委会对自己的排斥和冷眼,想到了摊位的偏僻,突然之间他感觉自己就像非洲人一样受到了不应有的歧视,但这一想法却让华若德克有了新的契机,于是一个新颖的计划就在他的脑海中孕育而生了。

华若德克让他的设计师给他设计了一座古阿拉伯宫殿式的展厅,围绕着展厅布满了具有浓郁的非洲风情的装饰物,把展厅前的那一条荒凉的大路变成了黄澄澄的沙漠,他安排雇来的人穿上非洲人的服装,并且特地租用动物园的双峰骆驼来运输货物,此外还派人定做大批气球,准备在展销会上使用。还没等到开幕式,华若德克展厅与众不同的装饰就引起了人们的好奇,不少媒体都报道了这一新颖的设计,市民们都盼望开幕式尽快到来以一睹为快。展销会开幕那天,华若德克一挥手,顿时展厅里升起无数的彩色气球,气球升空不久自行爆炸,落下无数的胶片,上面写着:"当你拾起这小小的胶片时,亲爱的女士和先生,你的运气就开始了,我们衷心祝贺你。请到华若德克的展厅,接受来自遥远的非洲的礼物。"这无数的碎片洒落在热闹的展销会场,当然华若德克也因此奇特的设计与创新取得了巨大的成功。

由此可见:乐观主义者在遭遇挫折后不会立即放弃,恰恰相反,他们会努力思考,反复尝试,直至达到目标!

对推销员来讲,最为有利的情绪是稳定而乐观的情绪,只有让你的情绪处于这种状态,你的推销工作才能够顺利进行。拥有乐观的精神,可以让一件坏事变成好事,心情也会随之变得好起来,做起事情也会有干劲,事情的进展也会随之而变得很顺利。

艾尔·艾伦曾是美国联合保险公司业务部的员工,他一心想成为公司里的王牌推销员，为此他读了很多关于励志方面的书籍和杂志。有一次，他在一本名为《成功无限》的杂志里，读到一篇题为《化不满为灵感》的文章，对他很有触动。

在一个寒风刺骨的冬天，艾尔在市区里冒着严寒沿着一家家店铺推销保险，结果一份保险也没有卖出去。他感到非常沮丧，对自己也是很不满意。就在他垂头丧气的时候，他突然想起自己曾经读过的那篇文章，于是他就决定用上面的方法试一试。第二天他从公司出发前，把自己前一天的失败告诉其他推销员，然后说："等着看好了！今天我要再去拜访那些客户，并且会卖出比你们更多的保险。"

说也奇怪，艾尔真的做到了。他回到那个街区里，再度拜访每一个前一天与他谈过话的人，结果他一共卖出66份新的意外保险。

推销员要想推销成功，就一定要保持乐观的精神。乐观主义者对于最终的胜利期望值很高，而且，他们越是乐观，就越雄心勃勃，做事情也就越坚决，也就越容易成功。记住：无论遭遇到什么，推销的目标是幸福，推销的过程也要浸透乐观。

推销员语录

一个人如果学会始终让自己的大脑充满积极、进取、乐观、愉快和有希望的想法，那么他就已经解决了人生的一大奥秘。

第二章
心态是成功推销的第一步

08 修炼耐心，
坚定推销

当推销按部就班地一步步进行时，你的神经就有可能越来越紧张。正如体育教练所说，你已处在高度兴奋状态。这是很正常的，但你要小心，在与客户的交锋过程中，操之过急可能会让你的努力在最后一刻付诸东流。

在推销的过程中，通常都是推销员热心而客户冷漠，推销员急于达成所愿，而客户则处于冰点。认真地思考一下，你就能明白其中缘由，因为推销员是要客户服从自己提出来的意愿，而客户并没有想要改变推销员什么，因为没有任何欲望，所以客户才显得"稳如泰山"。

从这一点上我们可以得出一个结论，就是不要让你的欲望表现得过于明显，否则，客户会对你产生怀疑，这会让他觉得你要谋求他的相关利益。

推销就像钓鱼，但却比钓鱼更有耐心。有时候，将特定的东西推销给特定的人，需经数年之久，没有耐心，自然做不下去，又怎会钓到大鱼。

小柯是某缝纫机厂连续十年的销售冠军，颇受同行的敬佩。但谁也想不到，他开始做销售员的时候，竟连一丁点儿关于缝纫机的知识都没有。

中学毕业后，小柯原本继承父业从事铸工的工作。然而，没过几年，工厂的经营状况越来越差，订单一天比一天少，一个星期中实际工作不过三四天，工人的工资当然也是随之降了又降。但此时的他已经结婚生子，面对愈来愈拮据的生活，小柯觉得压力越来越大。一天，他看到一张"招聘推销员，专职、兼职均可"的传单，当时他心想，既然可以兼职，便可利用休息日去拜访客户。他根本没有考虑自己从来没做过销售工作，对缝纫机更是一无所知，只是觉得这是一条解决生计问题的路子，于是便跑到店长那儿去应征。

到了店长的办公室，他只简短地说了一下自己的想法，也不管店长是否同意录取，抓起一把宣传单，说声"我走了"就转身出去了，只留下目瞪口呆的店长坐在那儿发愣，好一会店长才在后面大叫："你到底懂不懂什么叫缝纫机？"

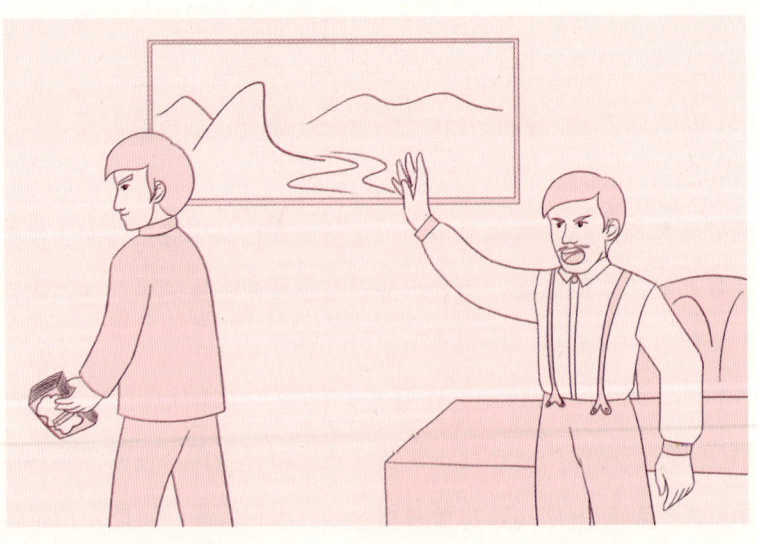

他根本不懂缝纫机的操作规程，也不懂得什么是推销技巧，他只凭着自己的耐心与热忱，逢人便诉说拥有一部缝纫机可以自己做衣裳、绣花等等好处，

第二章
心态是成功推销的第一步

总之,一部缝纫机可以给你带来无尽的乐趣。一个月的兼职工作很快就过去了,他以八天的实际工作时间,以一个毫无经验的新人身份,售出了37台缝纫机,远远超过了店里那些专职的老推销员。

后来,有人问他取得如此骄人的成绩的秘密时,他说:"我的秘密只有两个字:耐心。"他说,他每天早六点钟出门(而其他推销员这个时候大都还在被窝里睡觉),而晚上不管多晚,十点也好、十一点也好,不达到自己满意的成绩绝不停止拜访。

谁都想成为一名优秀的推销员,或者是一名伟大的推销员。因此,在一些销售培训中,经常有学员问老师,能不能给他教一招最简单、最实用、效果最好而且能立竿见影的方法。

类似这样的问题都是很愚蠢的,因为推销绝不是那么简单,它是一门需要加以认真研究的科学。

推销是一种复杂的心理交流活动,它有些章法,但却没有绝对的技巧。换句话说:推销,没有捷径可走。

推销是一条漫长而又艰辛的路,不但要时时保持十足的冲劲,更要秉持一贯的信念与耐心。成功唯有耐心,别无他途。

欧洲的一家保险公司有两位明星推销员,他俩在每天上午和晚上的休息时间都要到办公室进行一次谈话。同事们感到好笑,因为大家都在工作时,两位明星在喝咖啡休息。

而事实上,他们并不是在休息,而是在探讨前一天所出现的问题。他们遇到的结局越是尴尬,他们就讨论得越彻底。理由、指责、计算问题,所有的都要详细地检查一遍,直到两人认为问题已经得到了解决,再也不会重复同样的错误,这样的"休息"才会结束。

更有意思的是,当两个人中只有一个人在场的时候,仍然要进行这种天天都做的检讨,在场的另一位会对着空椅子把问题说一遍,然后试着找出有效的

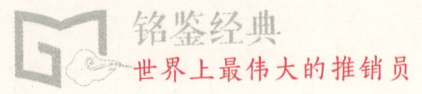

答案。

　　作为推销员要明确这样的原则:"赶快买了,赶快回家"是客户的特权,但你却不能表现出"赶快叫他买下,赶快把他赶走"的姿态,否则,客户会立即感到你对他的不满和厌烦。

　　推销是一项最注重声誉的工作:如果客户匆匆买完商品后,发现商品质量有问题(可能是未好好挑选),或者没能弄清楚一些具体的操作规程而导致无法正常使用时,很可能会影响到推销员的声誉。所以,推销员越是在关键时刻就越要有耐心,平静地把信心传达给可能的买主,创造出一种宽松的气氛,显示出极高的涵养和为顾客负责的推销精神。

　　当一个人真正选择推销这个行业时,如果想成功,就要有耐心,绝不轻言放弃。你的努力付出,终会有成功的回报。

推销员语录

　　　追踪、追踪、再追踪。如果要完成一件推销需要与客户接触5至10次,那你不惜一切也要熬到那第10次。

第二章
心态是成功推销的第一步

09 坚持不懈，直到成功

想要成功说服顾客，一种很普通的方法就是：坚持不懈，直到成功。单纯说说是很简单的，只有认认真真地去做，才能成为推销高手。

乔·吉拉德本来是一家报社的职员，却为自己赢得了"世界上最伟大的推销员"的称号。他刚到报社当广告业务员时，对自己很有信心。因此他向经理提出不要薪水，只按广告费抽取佣金。经理答应了他的请求。而报社中的每一个人都认为他一定会失败。

乔·吉拉德拟出一份名单，列出他打算前去拜访的12位客户的类别。在去之前，取出这12位客户的名单，把它念上100遍，然后说："在本月底之前，你们将向我购买广告版面。"

结果到了这个月的月底，乔·吉拉德和名单上的11个客户达成了交易，只剩下1位始终不买他的广告。在第二个月里，他未卖出任何广告，因为他除了去继续拜访这位坚决不登广告的客户之外，并未去拜访任何新的客户。每天早晨，当这位客户说"不"时，乔·吉拉德就假装并未听到，而继续前去拜访。

到了那个月的最后一天,对这位努力不懈的年轻人连续说了30天"不"的这位客户终于说话了:"年轻人,你已经浪费了一个月的时间来请求我买你的广告,我想知道这到底是为什么?"

乔·吉拉德回答说:"我并没有浪费我的时间,我等于是在上学,而你一直就是我的老师。我一直在训练自信心。"

这位客户说:"年轻人,我也要向你承认,我也等于是在上学,你教会了我做事要坚持到底,这比金钱更有价值,为了表示对你的感谢,我要向你订购一个广告版面,当做是我付给你的学费。"

一个人只有坚持不懈,才能取得最终的成功。因为任何一件事的成功都不是偶然的,如果一个人做事不坚持,他就很难看到成功,因为他在成功到来之前就放弃了。

一个人的毅力决定了我们在面对困难、失败、挫折、打击时,是倒下去还是屹立不动。一个人如果想把任何事进行到底,单单靠着"一时的冲劲"是不行的,还需要坚持,要有不达目的不罢休的决心。

世界潜能大师博恩·崔西曾说过:"现在世界上大部分的人都处在不耐心的状态下,有许多人做行销、推销有一个非常奇怪的习惯:东边有一只兔子,去追;西边有一只兔子,也去追;南边有一只兔子,去追;北边有一只兔子,还去追。追来追去,一只兔子也追不到。所以,成功永远只是耐心不耐心的问题,要成功就要坚持只去追一只兔子。"

市清村是日本理研光学公司的董事长,也是举世闻名的企业家,他年轻的时候,也曾经是一位保险推销员。

有一次,市清村试图劝说一位校长参加投保,可3个月内,他跑了有十几趟,每次那位校长都客气而又坚决地回答他说:"很抱歉,我不想买保险。"最后,市清村终于放弃了,他回到家里,疲惫地对妻子说:"我实在不想干了,3个月来我马不停蹄地奔波,可却一点收效都没有。"

第二章
心态是成功推销的第一步

妻子充满爱怜地看着他说:"为什么不再试一次呢?说不定再坚持一下就成功了呢!"

"为什么不再试一次呢?"妻子的话给了市清村很大触动。第二天,市清村怀着再试一次的想法,穿戴整齐,又一次敲开了校长家的门。没想到,这一次,还没等市清村开口,校长竟痛快地说:"好吧,我买你的保险。"市清村愣在那里,真是又惊又喜。

自从那次成功以后,市清村的信心更足了,每推销一笔保险,他都坚持到底,直到最后成功。几个月后,他便成了他所在的九州地区最优秀的保险推销员。

后来,每次谈到自己成功的经验时,他都意味深长地说:"我所有的成功都来自妻子的那句话——为什么不再试一次呢?"

的确,"为什么不再试一次呢?"其实,每个人生命中的每一天都要接受很多的考验。如果能够坚忍不拔,勇往直前,迎接挑战,那么最终你一定

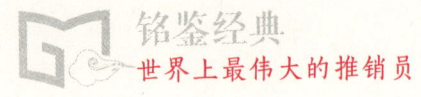

会成功。

希望你坚持不懈,直到成功。每个人都必然会面临失败,但是在成功者的字典里没有"放弃""不可能""办不到""没法子""行不通""没希望"等这类愚蠢的字眼。你可以失败,也可以失望,但是如果真的还想成为优秀的推销员的话,请记住:千万不要绝望,要坚持。为什么要绝望,想想自己是多么的独一无二!你需要辛勤耕耘,或许必须忍受苦楚,但是请你放眼未来,勇往直前,在哪里跌倒,就在哪里爬起来。要相信阳光总在风雨后。

做推销工作必须清楚这一点,遭受的失败越多,你的能力便越强。然而,中途退缩的人却为数不少。因此,只有那些笃定信念做推销的人,才会坚持,屡败屡战,直到最后的胜利。希望你能坚持不懈,直到成功。你要不断地尝试、尝试、再尝试。无论什么样的挑战,只要你敢面对,就有战胜的希望,因为你有战胜困难的无限潜能。

坚持就是胜利,争取每一天的成功,避免以失败收场。常言说,良好的开端是成功的一半。但推销却常常是从失败开始的。正因为如此,才更需要我们有坚持不懈的精神,而推销也成就了有毅力的人,让我们每一个推销员都坚持不懈地努力,勇敢地面对失败,直到成功!

推销员语录

问一问任何一个专业推销人员成功的秘诀,他一定回答:"坚持到底。"

10 不达目的
不罢休

不达目的誓不罢休的精神，应该是每个想成为优秀的推销员的人所必须具备的。因为，无论对于一个企业还是员工，要想做好任何一件事，都必须坚持下去，坚持下去才能取得成功。一个人做一点事并不难，难的是能够持之以恒、不达目的誓不罢休的坚持。

作为一个推销员，在推销过程中遭遇失败是经常的，如果一旦遭人拒绝和嘲笑时就畏惧、退缩甚至放弃，那怎么可能会获得成功呢？只有具有坚持不懈、绝不放弃的心态，才有成功的那一天。

日本著名的保险推销员齐藤竹之助，有一次他向一家企业推销企业保险，持续拜访了好几次都无功而返。齐藤竹之助无奈，只得把目标集中在一个人身上，就是该公司的财务科长。

谁知，财务科长根本不肯与他见面，他去了好几次，对方都以工作忙、抽不出身为由，始终未露面。齐藤竹之助并没有放弃，一边坚持电话约访，一边坚持登门拜访。

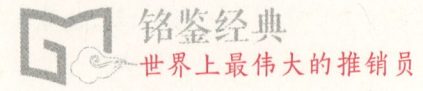

一个多月后,对方终于同意接见他。

齐藤竹之助于是向这位科长展示了详细的保险方案,谁知财务科长刚听了一半就说:"这种方案,不行!"

齐藤竹之助无奈,又不得不对方案进行了反复推敲、认真修改,第二天上午又去拜见财务科长。对方再次以冷冰冰的语气说:"这样的方案,无论你说多少次都没有用,因为本公司根本就没有缴纳保险的预算。"

然而齐藤竹之助并没有因此而灰心,而是决心要签下这份保单。

从此,齐藤竹之助开始了长期、艰苦的推销访问,前后大约跑了三百余次,整整持续了三年。

齐藤竹之助从家到客户的公司来回一趟需要4个小时,一天又一天,他抱着厚厚的资料,怀着"今天肯定会成功"的信念,不停地来回奔波。

3年后,皇天不负苦心人,他终于成功地签下了这份保单。

约翰·伍顿是美国UCLA篮球队的教练,曾率领球队连续拿到十多次全美篮球比赛的冠军。

有位教练问他:"你是如何指导球员,让每一名球员进入球队后都变成冠军队伍中的一员的?如何才能像你一样成功?"

约翰·伍顿回答说:"即使是篮球巨星,也要每天站在篮下5米处练习500次的基本投篮动作。因为球员只有每天练习投篮500次,遇到紧急状况时才能有超水平的发挥。基本动作是最重要的,时日一久,球员水平必有相当程度的提高。"

盖瑞·布雷尔是美国高尔夫球场上的名将,在比赛中经常能准确地挥出完美无缺的一杆。

有位高尔夫球运动员问他:"怎样才能挥出完美无缺的一杆?如何才能像你一样成功?"

盖瑞·布雷尔回答说:"我每天早上起来坚持挥杆1000次,双手流血,包扎过后继续挥杆练习,持续了 30 年。"

接着,盖瑞·布雷尔又说:"你愿意付出每天早上起来坚持挥杆 1000 次的代价吗?你愿意重复一模一样的单调动作吗?"

有一位保险推销员,上门推销保险时遭到客户的拒绝,他站起来,拎着公文包向门口走去,快走到门口时,他转过身来,向客户深深地鞠了一躬,说:"谢谢你,你让我向成功又迈进了一步。"

客户深感意外,心想:我把他拒绝得那么干脆,他怎么还要感谢我呢?好奇心驱使他叫住了那位小伙子,问道:"我拒绝了你,为什么你还要对我说'谢谢'?"

那位推销员微笑着说:"我的主管告诉我,当我遭到 20 个人的拒绝时,下一个就会签单了。你是拒绝我的第十九个人,再多一个,我就成功了。所以,

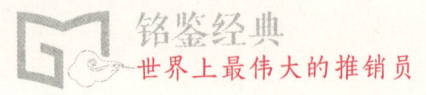

我当然要谢谢你。你给我一次机会,帮我加快了迈向成功的步伐。"结果,客户思考了片刻,于是买了一份保险。

其实,成功的取得,实质上就是一个不断战胜失败的过程。因为任何事业要想取得成功,都避免不了会遇到失败。每人都难免要犯错误,遭受挫折和失败。例如,在工作上想搞改革,越革新矛盾越突出;学识上想有所创新,越深入难度越大;技术想有所突破,越攀登险阻越多。著名科学家法拉第说:"世人何尝知道,在那些科学研究工作者头脑里的思想和理论当中,有多少被他自己严格的批判、非难的考察而默默地隐蔽地扼杀了。就是最有成就的科学家,他们得以实现的建议、希望、愿望以及初步的结论,也达不到十分之一。"换句话说,世界上一些有突出贡献的科学家,他们成功与失败的比率是1∶10。至于一般人与这个比率相比当然要低得多。因此,在迈向成功的道路上,能不能经受住挫折和失败的严峻考验,这是一个非常关键的问题。

乔·吉拉德说:"每个人的生活都有问题,但我认为问题是上帝给我的礼物,每次出现问题,把它解决后,我就变得比以前更强大。"其实,不管哪位推销大师,他的成功都源于在客户拒绝面前毫不气馁,有一种不达目的誓不罢休的决心,并始终坚信自己一定能够取得成功。而对于一个推销员来说,可能会遇到无数次的挫折与失败,而只有那些不怕失败、坚持不放弃的人才能最终走向成功的彼岸。

推销员语录

要想让客户对你产生好感,赢得他的信赖,就得用你的行动来证明你是值得他信赖的。

第二章
心态是成功推销的第一步

11 为明确的目标而行动

对于一个推销员来说，如果没有目标，就会变得无精打采、烦躁不安。没有明确的目标，就不知何时该庆祝胜利，就会摔跤、绊倒、失足而倒下，就会失去工作重点。由此可以看出设定目标是多么的重要。

几年前，南卡罗来纳州一个高等学院早早地通知全院学生，一个重要人士将对全体学生发表演说，她是美国社会中的顶级人物。

那个学校规模不大，学生和师资相对其他美国的学校稍差一点，因此能邀请到这样一位大人物，老师学生都感到特别兴奋。在演讲开始前的很长时间，整个礼堂就都坐满了兴高采烈的学生，大家都对有机会聆听到这位大人物的演说高兴不已。经过州长的简单介绍后，演讲者步履轻盈面带微笑地走到麦克风前，先用坚定的眼光从左到右扫视一遍听众，然后开口道：

"我的生母是个聋子，因此没有办法和人正常地交流，我不知道自己的父亲是谁，也不知道他是否在人间，我这辈子找到的第一份工作，是到棉花田里去做事。"

　　台下的听众全都呆住了，面面相觑，这时，她又继续说："如果情况不尽如人意，我们总可以想办法加以改变。一个人的未来怎么样，不是因为运气，不是因为环境，也不是因为生下来的状况，"她轻轻地重复方才说过的话，"如果情况不尽如人意，我们总可以想办法加以改变。一个人若想改变眼前充满不幸或无法尽如人意的情况，只要回答这个简单的问题：'我希望情况变成什么样？'然后全身心投入，采取行动，朝理想目标前进即可。这就是我，一位美国财政部长要告诉大家的亲身体验，我的名字是阿济·泰勒·摩尔顿，很荣幸在这里为大家做演说。"

　　简短的演说留给人们的却是深深的思考。一个人的出生环境无法改变，但他的未来却可以靠自己谱写。为自己设定一个明确的目标，并付诸行动，用积

第二章
心态是成功推销的第一步

极的心态去面对可能出现的各种困难，每个人的未来都会很精彩。

一个优秀的推销员曾经说："就我个人来讲，每年都要确定自己的目标，以达到这个目标，并以突破这个目标为目的而努力奋斗。除了公司规定的定额之外，我还另外为自己规定了工作定额，这个定额当然比公司的要求高得多，而我总是先以自己的定额为目标去开展工作。"

要想成为一个成功人士，首先必须有明确的人生目标。没有人生目标，也就没有具体的行动计划，没有行动计划，做事就会是敷衍了事，临时凑合，也就没有责任感，更谈不上什么坚强毅力和斗志昂扬了。没有明确的目标，即使具备才能和努力也是英雄无用武之地。

俗话说，"凡事预则立，不预则废"。虽然没有设定目标的推销人员有时也会有所收获，但那不是真正的成功。制定目标可以帮助你获得真正的成功，并且，由于你的成功是通过努力工作而获得的，它便具有了真正的价值和意义。

原一平告诫新入职的推销员说："不要为公司做事，要为你自己做事。"若是为公司做事，必然是被动、消极的，若是为自己做事，目标便可以自己确定，计划可以自己实行，那么行动便是积极主动的。

但在制定目标时要注意一点，目标不能高不可及，否则无法实现，就会变成白日做梦、痴心妄想，势必影响斗志，情绪低落。所以，要依照自己的实际情况制订可行的目标，然后分成若干具体步骤和阶段，做好具体的行动计划，拾级而上，自然是步步高升，一步登天只能是空想。

班·费德雯29岁那年，进入纽约人寿保险公司。

第一年结束，费德雯共成交了168张保单，但是大多数的保单都是一些不足500美元的小保单，总额加起来只有25.2125万美元。

费德雯说当时是因为自己目光短浅，所以做的业务尽是小业务。

1944年，费德雯向前迈进了一大步。在最初的两个月里，他的收入超过

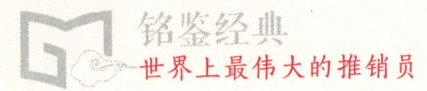

了50万美元，但是费德雯仍不满意。虽然平均保单从以前的1300美元提到近2000美元，但这离费德雯的目标还差得很远。

费德雯请教他当时的经理安卓先生："安卓先生，我遇到了麻烦，想听听您的宝贵意见。"

在仔细听完费德雯所有的麻烦之后，安卓对费德雯说："班，你想不想做一些事，那是我们公司在俄亥俄州从来没有人做过的事。"

"什么事？"

"12个月内成为百万圆桌协会的会员。"

费德雯听完后，感到不可思议。虽然自己的准客户都快用完了，而且还不晓得下一张保单从哪儿来，但费德雯心想，反正又没什么损失，于是说："要怎么做呢？"

"成为计划销售专家，打入小型企业保险领域。小型企业有无穷的潜力，但是你得先做好研究。你要追求更好、更大的业务。记住，用玩具气枪杀不死大象。"

安卓先生讲完后，费德雯思考了一下，他明白自己哪里出了差错：因为自己以前眼光一直不够远大，也没有一个远大的目标。

这就是先前困扰费德雯的难题。这一次，有了目标后，他以旺盛的精力和体力，全力向目标迈进。他的保单增加了3倍，并且在1945年6月成交了224件保单，保额达110万美元，首次获得了百万圆桌会员的资格。

如果你希望改变你的生活，就必须要下定决心改变它，否则生活还会依旧。因此，一定要为自己设定一个明确的目标，将你的动力发动起来，使你的生活进入转变之中。你所要做的就是向着目标努力行动，尽力而为，就能改变你原来的生活，拥有你渴望的新生活或完成你希望的任何事情。

推销员语录

把精力集中在正确的目标，正确地使用时间及正确的客户，你将拥有推销的老虎之眼。

12 执著，
　　向成功迈进

从前，在美国有一位出身贫寒、家境窘迫的年轻人，当时他所有的积蓄加起来都不够买一件像样的衣服，虽然如此，但他有一个崇高而又伟大的梦想，那就是做一名电影演员。

那时，为了实现自己的演艺梦想，他为自己设定了路线，并为自己"量身定做"了剧本。他把当时好莱坞的500家电影公司排好了顺序，然后拿着他的剧本，决定一一去拜访。但当他走访全部电影公司后，这500家公司没有一家聘用他。

面对500次的拒绝，这个年轻人并没有灰心，他又开始了他的第二轮拜访与自我推荐。但是，在第二轮的拜访结束后，仍然没有一家公司聘用他。

第三轮的拜访结果与前两轮的结果相同，仍旧以失败而告终。

也许有的人在经历了三次失败之后，就不再那么执著与努力了，但这位年

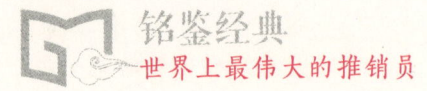

轻人始终没有死心,他开始了第四轮的拜访。

在这一次拜访中,前349家电影公司仍然拒绝他。当他来到第350家电影公司时,公司老板史无前例地决定,让他留下剧本供自己揣摩一下。过了几天,这位年轻人接到了这家公司的通知,请他前去详细商谈。

经过商谈,这家公司决定投资拍摄这部电影,并决定聘请年轻人担任剧中的男主角。

这位永不放弃的年轻人就是席维斯·史泰龙,而他的第一部电影就是《洛奇》。

俗话说:不要在一棵树上吊死。意思是告诉人们要灵活应变,但是对于推销员来说,却提倡"在一棵树上吊死"的执著精神。推销界有这样一种说法:"从一而终的人,不但可赚取丰富的金钱,也能得到全面的发展,成为一名专业、卓越并且充满欢乐的人。"

有一次,原一平打算去拜访某公司的总经理,这位总经理日理万机,是个不折不扣的"工作狂人",非但不易接近,连见他一面都很困难。

经过再三考虑,原一平决定采用直冲式拜访。

"您好,我是原一平,我想拜访总经理,麻烦您替我通传一下,只要几分钟就可以了。"

秘书是位训练有素的人,进去一会儿后马上就出来了。

"很抱歉,我们总经理不在,你以后有时间再来吧!"

原一平问旁边的警卫:"警卫先生,车库里那部轿车好漂亮啊,请问,是你们总经理的座驾吗?"

"是啊!"

原一平守在车库铁门旁,竟不知不觉睡着了,正在此时,有人推开铁门,原一平回过神时,那部豪华轿车已载着总经理扬长而去。

第二天,原一平又来到该公司,秘书还是说总经理不在。

"可是，总经理的座驾已经停在车库里了，他早就到了吧！请你多多帮忙。"

"你不知道，总经理昨天搭另外一部车回去，所以他的确还没到。"这位秘书说谎不用打草稿，实在太厉害了。

硬闯不行，原一平决定采用"守株待兔"的方法。他静静地站在该公司的大门旁边，等待这位总经理的出现。

1个小时，2个小时，10个小时过去了，原一平还在守候着。

功夫不负有心人，原一平终于等到总经理的豪华轿车出现，他一个箭步冲上去，一手抓着车窗，另一手拿着名片："总经理您好，请原谅我鲁莽的行为，不过，我已经拜访您好几次了，每次您的秘书都不让我进去，在万不得已的情况下，我才用这种方式来拜见您，请您多多包涵。"

总经理连忙叫司机停车，打开车门请原一平上来。

结果，总经理不但接受了访问，还向原一平投了保。

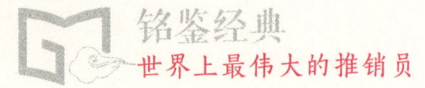

作为推销员，拜访客户的时候一定要有一种执著的精神，要有咬定青山不放松的劲头，记住你的目标就是：把自己的产品推销出去。

在推销员与客户面谈的过程中，最大的阻力莫过于两个：一个是客户的执著，一个是推销人员的不执著。许多推销活动的失败，推销员往往不是被客户打垮，而是被自己打垮。推销员面对客户的拒绝，坚定自己的信念，按照自己的意志和步调去引导对方。这整个充满"智慧和毅力"的活动，才称之为"推销活动"。

每个推销员都希望能和客户顺利成交，但在推销的过程中客户的种种质疑和其他各种障碍仍旧是避免不了的，指望一张嘴就成功是不现实的。推销是买卖双方意志的较量，就像拔河比赛一样，站在两边的人都试图把标界拉到自己的那一面。此时，除了凭借力气大之外，还要依靠执著的精神。坚持就是胜利，谁笑到最后，谁就笑得最好。

推销员语录

只有尝试的人才会获得成功。尝试不会失去什么，如果尝试成功，就可以获得很多东西，所以尽管去尝试。

第三章
给客户留下良好的第一形象

作为一名推销员，不仅要重视口头说话，同时也必须注意非口头语言，即身体语言的学习和使用。一个人的外在形象，反映出他特有的内涵。倘若别人不信任你的外表，你就无法成功地推销你自己以及你的产品。所以，推销员在与客户初次见面时，一定要给客户留下良好的第一印象。

01 建立有利的第一印象

西方有句谚语："你没有第二个机会留下美好的第一印象。"

一个拥有整洁外表的人比较容易赢得别人的信任和好感。心理学家曾做过一个有关影响力的实验：安排两个人在没有红灯也没有车辆的情况下横穿马路，所不同是一个人衣着光鲜，而另一个则满身油垢。结果显示，前者明显地有较多的跟随者，而后者一个也没有。

布莱恩·崔西说："良好的个人形象就是你在社会交往中的亮点，对推销员来说就是成功的敲门砖。出门之前领带没有打好，并不代表你是个失败的人，但有人就会这么认为。因此，在与客户初次见面时，务必要用心打扮一下，让衣服为你说话。"

让布莱恩·崔西记忆犹新的是，有一次他去拜访一位客户，在向客户推销的时候他并没有说太多推销方面的话题，只是个人形象比较鲜明，让客户一下子记住了他。当他们第二次见面的时候，客户还向崔西提起初次见面时对他的感觉。客户说："你的言谈举止间透露出儒雅自信的气质。这让我很快对你产

第三章
给客户留下良好的第一形象

生了好感,并且信任你。"生意成交后,这个客户又给崔西介绍了很多潜在的客户。

爱默生曾经说:"你说得太大声了,以至于我根本听不见你在说什么。"换句话说,你的外表、声音和举止所传达的印象有助于使准客户在心目中勾勒出一幅反映你的本质性格的画面。

想把自己的产品推销出去,首先得学会推销自己,声音细小、表达不清、穿着不当,对方是不可能接受你的推销的。这样不仅使你自己的才华长期埋没,你的产品也卖不出去。

有些人认为:在面谈的前10秒钟内就决定了它会成功还是失败。的确是这样,我们确实根据在与一个人见面的头几秒钟内所得到的印象,快速作出对他的判断。如果这些判断是不利的,那么推销员的推销是很难获得客户的认可的。

内布拉斯加州一位经验丰富的经理说:"有一天,一个人来拜访我。他穿

得就像一部著名的老剧《上午之后》中的一个角色。他开始做一个好得非同寻常的销售推介，但我老是走神。我看着他的鞋子、他的裤子，然后再把目光扫过他的衬衫和领带。大部分时间里我都在想，如果这位专业推销人员说的都是真的，那他为什么穿得如此落魄呢？

"他告诉我他手中有很多订单，他有许多客户，他们也购买了大量的这种产品。但他的个人外表致命地显示他说的话不是真的。我最后没有购买，因为我对他的陈述没有信心。"

作为推销人员必须给客户建立有利的第一印象。而所谓的第一印象，主要指人们初次见面时，一方对另一方的表情、言语、姿态、身材、年龄，以及服饰等方面产生的印象。你给人的第一印象往往会成为人们对你的基本印象，它像一种"光环"笼罩在你的身上，影响他人对你以后一系列行为的评价。

一个人的外貌对于他本身有很大影响，穿着得体就会给人以良好的印象，它等于在告诉大家："这是一个重要的人物，聪明、成功、可靠。大家可以尊敬、仰慕、信赖他。他自重，我们也尊重他。"

如果推销员留给客户的第一印象不好，就无法引起客户对推销人员有进一步地接触和了解的愿望。客户对第一印象不好的推销员的反应就是拒绝。

大凡给对方留下了好印象的人都善于交往，善于合作。而一个人的仪表是给对方留下好印象的基本要素之一。例如，如果一位推销员衣冠不整，拖拖拉拉，客户就会产生一种印象，认为他办事马虎、懒惰、糊涂。

俗话说："人靠衣装马靠鞍"，一个人若有一套好衣服配着，仿佛把自己的身价都提高了一个档次，而且心理上和气势增强了自己的信心。莫怪世人"以貌取人"，人皆有眼，人皆有貌，衣貌出众者，任谁都会另眼相看。着装艺术不仅给人以好感，同时还直接反映出一个人的修养、气质与情操，它往往能在尚未认识你或你的才华之前，首先表现出你是何种人物，因此在这方面稍下一点工夫，就会事半功倍。

第一印象可以成为人们以后继续交往的根据，也可以成为人们彼此断绝交往的理由。如果你要去同客户谈生意，推销高手则必须得像个推销高手的样儿，应该抬头挺胸，精神饱满，举手投足之间表现出精力充沛、行事迅速的气质，使人觉得你是一个值得信赖和充满热情的人。

总之，推销能否顺利地进行下去，第一印象至关重要，不讲究仪表就是自己给自己打了折扣，自己给自己设置了成功的障碍；不讲究仪表就是人为地给要办的事情增加了难度。

推销员语录

仔细地整理仪表，不但能给准客户良好的第一印象，而且能够培养自己正确的姿态。

02 修炼令人愉悦的气质

美国商人希尔在创业之始，就意识到服饰对人际交往与成功办事的作用。他清楚地认识到，商业社会中，一般人是根据一个人的衣着来判断对方的实力的,因此,他首先去拜访裁缝。靠着往日的信用,希尔订做了3套昂贵的西服,共花了275美元,而当时他的口袋里仅有不到1美元的零钱。

然后他又买了一整套最好的衬衫、衣领、领带等,而这时他的债务已经达到了675美元。

每天早上,他都会身穿一套全新的衣服,在同一个时间里、同一个街道同某位富裕的出版商"邂逅",希尔每天都和他打招呼,并偶尔聊上一两分钟。

这种例行性会面大约进行了一星期之后,出版商开始主动与希尔搭话,并说:"你看来混得相当不错。"

接着出版商仅想知道希尔从事哪种行业,因为希尔身上所表现出来的这种极有成就的气质,再加上每天一套不同的新衣服,已引起了出版商极大的好奇心。这正是希尔盼望发生的情况。

希尔于是很轻松地告诉出版商:"我正在筹备一份新杂志,打算在近期内争取出版,杂志的名称为《希尔的黄金定律》。"

出版商说:"我是从事杂志印刷及发行的,也许我也可以帮你的忙。"

这正是希尔所等候的那一刻,而当他购买这些新衣服时,他心中已想到了这一刻,以及他们所站立的这块土地,几乎分毫不差。这位出版商邀请希尔到他的俱乐部,和他共进午餐,在咖啡和香烟尚未送上桌前,已"说服"了希尔答应和他签合约,由他负责印刷及发行希尔的杂志。希尔甚至"答应"允许他提供资金且不收取任何利息。

发行《希尔的黄金定律》这本杂志所需要的资金至少在5万美元以上,而其中的每一分钱都是从漂亮衣服所创造的"幌子"上筹集来的。

人与人交往,总会通过一个人的着装、仪容、体态、身姿等外表给人留下第一印象。但是,在社交经历中每个人都有一种体验:一个人的仪容和服饰打扮,总是跟人的内在气质和所表现出来的风度紧紧相连的。正如古人所讲,"英

第三章
给客户留下良好的第一形象

雄自有英雄本色"，而这种本色，即指气质和风度。

一个人的真正魅力主要在于其特有的气质。所谓气质，是指一个人相当稳定的个性特点。如果说仪表仪容、身姿体态是形式美，那么气质的美，就是内容的美，它呈现出人的个性美。正如俄国美学家车尔尼雪夫斯基所说："人的个性美是我们的感觉所能感到的世界上最高的美。"对于现代人来说，他们更崇尚内容的美，因为内容的美，在时间稳定性上胜过形式的美。

气质美看似无形，实为有形。它是通过一个人对待生活的态度、个性特征、言谈举止等表现出来的。气质外化在一个人的举手投足之间，走路的步态，待人接物的风度，皆属气质。所以说，气质可以反映出一个人的智力发育程度、世界观、道德水准、兴趣和意志等。为了利用自己气质优越的方面，人应当学会掌握气质、控制气质，把自己培养成为性格优良的人。

美的气质凝集了多种美的因子，是自然美、社会美、艺术美。形式之美短暂，内容之美长久。更重要的是，内容之美不受年龄的限制，拥有它可永葆青春。

如果想要提升自己的气质，做到气质出众，除了穿着得体、说话有分寸之外，还要不断提高自己的知识、品德修养，不断丰富自己。通常所说的气质高雅，正是心灵教养的闪光。"腹有诗书气自华"，"凡有所说，皆成有气"，这两句名言便印证了以上说法。

总之，只要你具有丰富的内心世界，有理想、有追求、有对生活的深刻理解、有稳定的个性，不故作姿态、不随波逐流，且聪慧、善良、干练、超脱，你便具备了气质之美。只要你能让自身的内在力量和礼仪观念成为自己行动的指南，便能给你周围的人群带来爽心的愉悦，并产生一种异乎寻常的魅力。

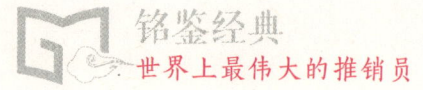

推销员语录

留给客户深刻的印象——这种印象包括一种创新的形象、一种专业的形象。当你走后，客户是怎么描述你呢？你随时都在给他人留下印象，有时候暗淡，有时候鲜明；有时候是好的，有时却未必。你可以选择你想留给别人的印象，同时必须对自己所留下的印象负责。

03 仪态大方，体现素养

心理学家做过统计，发现人在交往中最初的0.25～4秒给对方留下的印象最深刻，接下来的4分钟是印象形成的关键期，这段时间对一个人的判断占着大概75%的比例，而是这个印象很少会改变。

因此，要给客户留下好的印象，就要在这最初的几分钟做文章。除了合宜的外表之外，就是要注重你的仪态。

推销员在推销时，仪态一定要规范，不要不拘小节、大大咧咧。所谓仪态，这里包括站姿、坐姿、走姿和手姿等。俗话说："坐如钟，站如松，行如风"。这些肢体语言能表现出一个人的修养、素质。具体内容有以下几点：

第三章
给客户留下良好的第一形象

第一，站姿。对于推销员来说，正确的站姿很重要，因为不能正确的站立，打招呼时自然不能给人以良好的第一印象。推销员站立时，视线应该保持水平，挺胸直腰，双肩保持水平，手指并拢自然弯曲，腿伸直，把重心放在脚尖，而将脚跟稍微提起。

第二，坐姿。在拜访客户，与客户交谈时，坐姿是推销员最常用的肢体语言，有的推销员坐在沙发上时，要不两腿伸得长长的，要不就翘个二郎腿晃来晃去，这样会让客户非常反感，不但不礼貌，而且也显得很不稳重，引起客户的不信任。而正确的坐姿是：不要将座位坐得过满，双腿最好并拢，严禁摇头晃脑。

第三，走姿。推销员行走时，要双目平视前方，双肩平稳，双臂自然摆动，上身要挺直，要轻松、矫健、优美、匀速。如与顾客一起行走，步伐注意要与顾客的节奏一致，以方便交谈为宗旨。

第四，手姿。我们每一个人在谈话的过程中都会有不同的手势，只是有的手势是有助于我们表达的，有的则会令人讨厌。在与客户交谈时，最好不要出现用十指点指对方的手势，也不要在讲话时乱挥舞拳头，这样会让对方非常反感。

总之，推销员在与客户接触时，一定要注意自己的仪态，体现一定的素养，给客户留下良好的印象，这样才能让自己的推销顺利进行。

推销员语录

一个人外在的形象，反映出他特殊的内涵，倘若别人不信任你的外表，你就无法成功推销自己。

04 语言魅力
   不容忽视

推销员的魅力，就在于能够说服顾客，使其购买自己的产品。在推销过程中，只能通过短时间的接触和谈话来取得对方的好感。因此，要想以自己的魅力征服顾客，达到推销的目的，推销员的语言艺术将起到重要的作用。

语言是推销员进行推销的有力武器。一个懂得说话技巧的人，总是能够在最短的时间内打动客户，成功地完成销售。

一天，3个女孩逛完商场出来坐在路边的饮料亭里休息。这时候，一个与她们年龄相仿的女孩走了过来。她一走过来就微笑着说："你们好，我叫黄书敏。我也刚从商场出来，逛得太累了，我可以和你们坐在一起吗？"说着指了指这三个女孩身边的空位。

3个女孩一看旁边空着位置，就点头同意了。黄书敏坐下后，望着其中一位女孩说："你是安徽人吧？"那位女孩笑了笑，说道："难道我口音太重，你听出来了？呵呵，是的，我老家是安徽的。"

黄书敏听到笑了起来，说："原来是老乡啊，我也是安徽的。怎么称呼你

第三章
给客户留下良好的第一形象

呢？"

"叫我婷婷吧。"

"婷婷？太巧了，我有一个好朋友也叫婷婷，哎，没有想到在这里还能遇到老乡。真是太高兴了，我请你们喝饮料吧。"说着便去拿饮料，并问3位女孩要喝什么样的饮料。

3个女孩见黄书敏如此热情，都不忍拒绝，同时也请黄书敏吃她们随身带的零食。几个人谈了一会儿，由于黄书敏十分健谈，她们很快就相互留下了手机号码。分手的时候还说以后会常短信联系。

就这样，彼此都聊自己的家乡、童年，并没有问及职业和生活。偶尔会发发短信联系联系，倾吐倾吐烦闷，分享高兴，就像是多年不见的朋友终于重逢。

有一次，婷婷发短信给黄书敏，无意中说起自己的朋友要买化妆品。这时黄书敏回信息告诉她："我就是化妆品推销员，如果你信任我，我可以帮忙。"

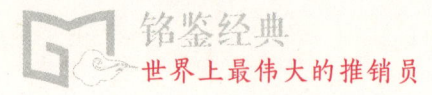

从此以后,婷婷的很多朋友包括婷婷自己,都成了黄书敏的客户。

恰当的语言可以拉近彼此之间的距离,尤其是对于初次见面的人来说,语言尤其重要。所以,作为一个推销员,你必须注意到以下几点:

顾客从你对他所关心和感兴趣的事物表现出的共鸣上,感觉到你的魅力并产生好感。

第一,由于所要争取的顾客的职业、兴趣、年龄、人生观、性格等,无论从何种角度来看都千差万别。所以,你必须明白顾客所关心的事情、感兴趣的事情也会不同,你应该了解到客户所关心的事物,以此拉近彼此之间的距离。

第二,恰当地使用幽默。作为推销员,有时候你需要给客户讲一些枯燥性的话题,但客户并不是很喜欢听,这时候,你可以使用一些幽默的语言,让客户更容易接受你的介绍

第三,尽量不使用专业术语。专业术语通常比较晦涩难懂,很难被客户接受,那么客户也就没有什么购买欲望。如果你能把术语用简单的话语来表达,让客户听得非常明白,就能达到沟通的目的,使推销无障碍。

总之,推销员应该知道怎么说,客户才能爱听,愿意听。只有掌握了语言的魅力,你才能与客户走上成功的红地毯。

推销员语录

在晤谈当中,不要想面面俱到而加入太多论点,也不要使重要变得暧昧不明、模棱两可,应该事先找到谈话的侧重点,紧紧把握住,并好好发展它。

第三章
给客户留下良好的第一形象

05 首次面谈，重视礼节

有句话说，礼多人不怪，尤其是第一次见面，重视礼节，就会给人留下好印象。

在西方经济发达国家，流传着这样一句话：没有卖不出去的商品，只有卖不出去商品的推销员。要把商品成功地卖给客户，除了掌握必要的推销技巧，还必须借助推销礼仪这块"敲门砖"。

每一个行业，都对从业人员有着明确的形象和礼仪要求，推销人员更是如此。尤其是上门服务的推销员，既需要有一个良好的印象，又要注意推销的礼节。

有一次，日本推销之神原一平跟同事一起到一家百货店推销保险。拜访完顾客之后，原一平的同事开始在那家百货店休息，原一平就独自去拜访另一位客户。一直到很晚，原一平才回到百货店和同事汇合。因为是夏天，一路上热得不行，原一平就把衬衫的扣子解开，为了散热，他把帽子取下不停地扇风，扇完之后，就歪着扣在了头上。到了那家百货店，他急急忙忙地推开百货店的玻璃门，一边向里面闯，一边大声喊着同事的名字。

可是万万没有想到，百货店的老板看到原一平吊儿郎当的样子，非常生气，愤怒地说："原来你们公司的业务员是这么的随便、无礼。我是因为信任你，才买你的保险，如果早知道这样的话，我压根就不会买你们的保险。"

百货店老板的话，像一桶冷水把原一平浇醒。他没有意料到，自己放荡不羁的行为，会给客户留下如此恶劣的印象。原一平又羞又急，马上跪倒在百货店老板面前，双手伏地请求对方原谅。原一平这个出其不意的举动，也让百货店老板愣住了。最后，他不仅原谅了原一平失礼，而且买了比原来更多的保险。

这次经历虽然让原一平化险为夷，但是有过这次经历之后，他再也不敢在客户面前失礼了，他总是时刻保持自己的风度和仪表，从来不敢有任何的疏忽。

第三章
给客户留下良好的第一形象

所以说，在礼节方面，一个注意礼节的推销员，会比一个不注重礼节的推销员更容易成功。

推销员的礼节是推销业务中非常重要的一环。推销员不懂得礼节，往往会在无形之中破坏交谈的结果。客户是非常聪明的，他们只会向值得信赖、礼节端正的推销员去购买。

尤其是与客户首次面谈时，当门一打开，推销员和客户打照面后，即应鞠躬致意，但有些推销员却只是将头低下，眼睛却朝上盯着客户看，想观察对方是个怎么样的人，通常这种举止会令对方觉得很厌恶。一旦客户有了这种感觉，即使你后面的开场白很精彩，对方也会马上以"不需要""我现在很忙，下次再说吧！"之类的话拒绝，就此收场。

鞠躬的时候不是单把头低下就算数，视线一定也要朝下看着地面，这种方式才有礼貌，身为推销员一定要知道如何以礼貌的鞠躬方式给客户留下良好的第一印象。而且在低下头后，不妨轻轻吸一口气，将头抬起来，一来可使心情稳定下来。二来说起话来可显得充满自信。

如果能以这个最简单又最难做的鞠躬动作，表现出自己的礼貌，赢得对方的好感，相信接下来的谈话会进行得非常顺利。

推销员的辞别可以说是与客户的暂时别离，在此时更要注意礼节的重要性，因为客户总是以你辞别时的形象来评价你，而推销员的形象比商品形象更重要。辞别的技巧与见面的技巧以及谈判的技巧比较起来更难学。口才、言语是你的推销工具，而辞别时的背影对你的推销更为重要。辞别时的背影是无声（无言）的推销，而此时无声胜有声，于无声处听惊雷。

客户对销售员感觉的好坏往往来自第一印象。当首次面谈时，如果销售员注重礼节，外表着装和举止非常得体，就会给客户带来好的感觉，有利于和客户进行下一步生意上的洽谈。一旦销售员让客户觉得，这个人很没有修养和素质的时候，购买意向就会马上取消。从很多成功销售员的经验上来看，可以说，

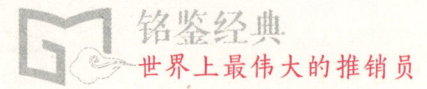

礼节对于一个销售员来说是非常重要的。

推销员语录

在开口推销前,先要赢得客户的好感。赢得推销最好的方法就是赢得客户的心。

06 穿着一定要得体

弗兰克·贝特格说:外表的魅力可以让你处处受欢迎,不修边幅的推销员给人留下的第一印象就不好,在推销时也就失去了主动权。据调查,一位外表整洁的推销人员是引起客户购买欲的先决条件。美国有一项调查表明,80%的客户对推销员的不良外表持反感态度。可见,服饰对推销员而言是至关重要的。日本推销界流行的一句话就是:若要成为第一流的推销人员,就应先从仪表修饰做起,先以整洁得体的衣饰来装扮自己。只要你决定投入推销业,就须对仪表服饰给以投资,这种投资绝对是合算的。

对着装和仪表最起码的要求,就是要干净、端正、整齐,给人以清爽、精神的感觉,使人看了比较舒服。

第三章
给客户留下良好的第一形象

刚入推销行业时,法兰克的着装、打扮非常不得体,公司一位最成功的人士对法兰克说:"你看你,头发长得不像个推销员,倒像个橄榄球运动员。你应该每周理一次发,这样看上去才有精神;你连领带都不会系,真该找个人好好学学;你的衣服搭配得多可笑,颜色看上去极不协调。不管怎么说,你得找个行家好好地教你打扮一番。"

"可你知道我根本打扮不起!"法兰克辩白说。

"你这话是什么意思?"他反问道,"我是在帮你省钱。你不会多花1分钱的。你去找一个专营男装的老板,如果你一个也不认识,干脆找我的朋友斯哥特,就说是我介绍的,见了他,你就明确地告诉他你想穿得体面些却没钱买衣服,如果他愿意帮你,你就把所有的钱都花在他的店里。这样一来,他就会告诉你如何打扮,包你满意。这么做,既省时间又省钱,你干吗不去呢?这样也更易赢得别人的信任,赚钱也就更容易了。"

听起来真新鲜。他这些话说得头头是道,法兰克可是闻所未闻。

法兰克真的去了那位朋友所说的男装店，请斯哥特先生帮他打扮一下。斯哥特先生认认真真地教法兰克打领带，又帮法兰克挑了西服以及与之相配的衬衫、袜子、领带。他每挑一样，就评论一番，解说为什么挑选这种颜色、式样，还特别送法兰克一本教人着装打扮的书。不光如此，他还对法兰克讲一年中什么时候买什么衣服、买哪种最划算，这可帮法兰克省了不少钱。法兰克以前老是一套衣服穿得皱巴巴时才知道换，后来注意到还得经常洗熨。斯哥特先生告诉法兰克："没有人会好几天穿一套衣服。即使你只有两套衣服，也得勤洗勤换。衣服一定要常换，脱下来挂好，裤腿拉直，西服送到干洗店前就要经常熨。"

过了不久，法兰克就有足够的钱来买衣服了。

衣冠不整、蓬头垢面让人联想到失败者的形象。而完美无缺的修饰和宜人的体味，能使你的形象大大提高。"人靠衣装马靠鞍"，穿着得体才不会被客户视为异类，绝佳的外表会使推销员在推销过程中如鱼得水。

当然，对推销员来说，注意着装仪表并不是非要穿戴什么名贵的衣物，也不是特别刻意讲究，而是首先应做到朴素、整洁、自然、大方，其次要符合个人的性格、爱好、身份、年龄、性别、环境、风俗习惯。如果穿戴过于引人注意的服饰，反而会使人觉得你本人无足轻重，招致相反效果。那么，着装应该注意哪些方面呢？

1. 上衣和裤子、领带、手帕、袜子等最好能相配。衣服颜色不可太鲜艳夺目，素色会使人感觉清爽。衣服大小要合身，太宽太窄均不宜。

2. 如果可能，业务员应该穿正统西装或轻便西式上装。绝不可穿奇装异服，或是穿着过分暴露的服装。

3. 地点不同着装也有所不同，应根据地点的不同而改变着装。比如：正式场合不要穿短袖衣衫；不熟悉的场合，应尽量穿得保守些。

4. 皮鞋看起来不起眼，却是表现一个人精力是否充沛的重要部分。推销人员所穿的皮鞋特别讲究,应该坚持"五无"原则:鞋面无尘、鞋底无泥、鞋内无味、鞋垫无差、鞋码无误。如果出现皮鞋走样、后跟磨偏、鞋面起皱等现象就不能再穿了,不然,将给人一种可怜、落魄的感觉。

5. 领带上的别针、西装袖口上的纽扣、手表、戒指等,不要用太高级的和特别豪华的,这样可能会给客户一种不快和不可靠的感觉。在这方面,要看个人的年龄和地位而定,最好采用与你相称的物品来装扮。

6. 手帕也要预备好,不仅自己要交替使用,而且当客户在喝酒或用饮料时不慎湿了衣服,自己可以立即拿出手帕帮其擦干净。另外,梳子、卫生纸等也必须随身携带。

另外,推销员还应该视自己的客户群来选择着装,一般说来,你的客户是西装革履的白领阶层,那么你也应该着西装;而当你的客户是机械零件的买主,那么你最好穿上工作服。也就是说,避免不协调也是着装的一个原则。

"你不可能仅仅因为打对了一条领带而获得某个职位,但你肯定会因为戴错了领带而失去一个职位。"这句话很经典。穿着得体是对你的尊重,也是对别人的尊重。身为企业的一员,你的形象就是公司的形象,千万别让公司的形象毁于你的手里。

推销员语录

服装不能造就完人,但是初次见面给的人印象,90%产生于服装。

07 谈吐优雅，
　　成功推销

谈吐，指人的言谈举止。谈吐优雅，就会给人留下良好的印象；相反，如果满嘴脏话，甚至恶语伤人，就会令人反感讨厌。

语言是最主要的交流方式。一个成功的推销员必须时刻注意自己的谈吐，保持优雅而不是夸夸其谈，给客户留下有修养、值得尊重和交往的良好印象。

有一位长者参加一个产品博览会，一位年轻的推销员主动问道："喂，老头儿，你买啥？"老人一听这个称呼心里就很不高兴，气呼呼地说："不买就不能看看？还叫'老头儿'！"

推销员也牛起气来："你这人怎么不识抬举？怎么，你不是老头子，难道还叫你小孩子不成？"

"你，你，简直没有教养，还当什么推销员？"

这位推销员使用不恰当的招呼语，结果引发了矛盾，话越说越难听，最终把客户气跑了。可见，谈话的技巧，值得推销员们研究和学习。

第三章
给客户留下良好的第一形象

谈吐优雅主要包括以下几个方面：

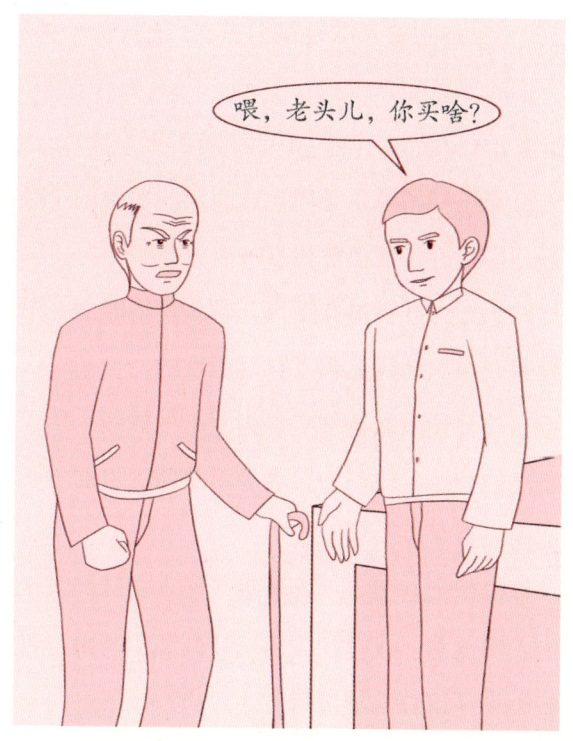

一是态度诚恳、亲切。语言就是用来向人传递思想感情的，所以，说话时的神态、表情都很重要。例如，当你向别人表示祝贺时，如果嘴上说得十分动听，而表情却是冷冰冰的，那对方一定认为你只是在敷衍而已。所以，说话时一定要态度诚恳和亲切，才能使对方对你的说话产生表里一致的印象。

二是用语谦逊、文雅。如称呼对方为"您""先生""小姐"等。多用敬语、谦语和雅语，能体现出一个人的文化素养以及尊重他人的良好品德。

三是声音大小要适当，语调应平和沉稳。无论是普通话、外语，还是方言，咬字要清晰，音量要适度，以对方听清楚为准，切忌大声说话；语调要平稳，

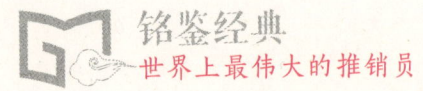

尽量不用或少用语气词，使听者感到亲切自然。

在交谈过程中，推销员一定要掌握好谈话的尺度，不要全凭自己的兴趣去选择话题，毕竟，推销员的主要目的是推销出去产品。如果你和顾客话不投机，又怎么能让他购买你的产品呢！

另外，客户当中什么人都有，有的任性，有的爱发脾气。作为一名推销员，要和各种各样的人打交道，如果总是用自己固定的那种调子谈话，就无法和所有人沟通，弄不好，还没进入商谈阶段就被对方拒绝了。

还有一点也比较重要，推销员在结束与顾客交谈时的礼节也是要注意的。如果推销员在和顾客交谈后已经达到了自己的目的，推销了产品，在结束谈话时不要太喜形于色，那会让人觉得你只是为了赚他的钱。所以，推销员在结束交谈时要控制好自己的情绪，既要向顾客表示感谢，也要表示出顾客购买了这种产品或是服务的同时也是受益者。

哈佛大学前任校长伊力特说："在造就一个有教养的人的教育中，有一种训练是必不可少的，那就是，优美而文雅的谈吐。"所以，推销必须有良好的谈吐，才有助于将销售面谈成功地进行下去。

推销员语录

一个成功的推销员，必须时刻注意自己的谈吐，保持优雅而不是夸夸其谈，要给客户留下有修养、值得尊重和交往的良好印象。

第三章　给客户留下良好的第一形象

08 如何递接名片

名片主要用于自我介绍和建立联系之用,在现代社会中发挥着类似介绍信和联谊卡的作用。推销员初次与人见面,打过招呼后互通姓名,然后通常就是递接名片。递接名片这样一个小小的动作也不能忽视,要运用得体才能有效促进业务的发展。

递接名片看似简单,但也有许多技巧与规则。推销员如果对此等闲视之,得罪了客户,谈不成生意,那就亏大了。

有一位推销人员去拜访公司总经理,递名片时,用食指和中指夹着名片递给对方,本来应递到对方手中的,可他却将名片放在桌上,致使那位经理大为不快,结果就可想而知了。

递名片讲究"奉",即奉送之意,要表现出虔诚、恭敬。递交名片,不要直来直去,一条线式地递给客户是有失礼貌的。最好是从自己面前较低的位置慢慢地递出,渐渐地达到对方较易拿到的位置为止。自己为低,说明对客户的尊重,也说明了自己的礼貌,给对方留下一个好的印象。

另外，名片要递于对方手上，不可随便放在桌上，对方不易拿到是对别人的不礼貌行为。同时，把印有自己身份、名字的名片随便一掷，也有失自己的身份，令人瞧不起。

也许你认为这是区区小节，不足挂齿。但是，有时候对递接名片处理不当，就这样一个小小的动作会使推销工作马失前蹄。

推销人员每天都要递上好几次名片，如果你想成为推销高手，千万重视这个"小节"。

当我们向他人递送自己的名片之后，往往也会收到对方的名片。名片是名字的具体载体，它代表一个人的身份。接受方式是否恰当，将会影响你给顾客的第一印象，因此必须懂得如何礼貌地接受名片。总的说，接受名片讲究一个"恭"字，即恭恭敬敬。

接受他人的名片，应当恭恭敬敬，双手捧接，并道感谢，这样可以让对方感受到对他的尊重。接过别人的名片后，一定要仔细看一遍，可以有意识地重复一下名片上对方的姓名及职务，以示仰慕。切忌不可一只手去接别人递来的名片，也不要不看一眼就把它漫不经心地塞入衣袋。

有些人在接过名片后就放在桌子上，并顺手找些东西压在其上面，殊不知，这样做会让对方感到污辱，因为这等于是把对方的脸压在了下面，因此，一定要小心谨慎。

名片是人格的象征，身为一名推销员，没有比完成一笔好交易更快乐的事，尊敬对方的名片也就等于尊重对方的人格，当对方感受到你对他的尊重时，必然会增加对你的好感，在其心中留下了良好的印象，这将有利于推销工作的开展。因此，接受名片时是否有礼貌，直接影响你的推销成绩，切不可等闲视之。

第四章
掌握推销的语言技巧

"酒逢知己千杯少,话不投机半句多"。这句话已经告诉我们,语言的选择是至关重要的。推销是和人打交道的艺术,在和人交往过程中,要掌握语言艺术,善于运用语言。掌握了推销的语言技巧,你就一定能打开客户的大门。

01 发现对方的兴趣点

某保险公司的一位小姐在电话联系的约定时间,对李先生进行访问。

她一进门便开门见山地说明来意:"李先生,我这次是特地来请您和太太及孩子投人寿保险的。"

不料李先生一句顶回来:"保险是骗人的勾当!"

小姐并未生气,仍微笑着问道:"噢,这还是第一次听说,您能给我说说吗?"

李先生说:"假如我和太太投保3000元,3000元现在可买一部兼容电脑,20年后再领回的3000元,恐怕连部彩色电视机都买不到了。"

小姐又好奇地问:"那又是什么呢?"

李先生很快地回答:"一旦通货膨胀,物价上涨,即会造成货币贬值,钱就不值钱了。"

小姐又问:"依您之见,10年或者20年后一定会通货膨胀吗?"

李先生又迟疑了一会儿说:"我不敢断定,但从最近两年的情形来看,会

第四章
掌握推销的语言技巧

有这种可能的。"

小姐再问:"还有其他因素吗?"

李先生支吾了一下说:"比如受国际市场的波动影响,说不定……"

接着小姐又问:"还有没有别的因素?"

李先生终于无言以对。通过这样的问话,小姐对李先生内心的忧虑已基本了解。

于是小姐首先维护李先生的立场:"您的见解有一定的道理。假如物价急剧上涨20年,3000元不要说黑白电视机都买不了,怕只够买两棵葱了。"

李先生听到这里,心里很高兴,但接着这位精明的小姐给李先生解释了这几年物价改革的必要性及影响当前物价的各因素,进一步分析我国政府绝对不会允许旧社会那样的通货膨胀的事情发生的道理,并指出以李先生的才能和实力,收入可望大幅度增加。

对于这些话,虽然李先生也不止一次听别人说过,但总没有今天感觉那样

亲切。最后小姐又补充一句:"即使物价有稍许上升,有保险总比没有保险好。况且我们公司早已考虑了这些因素,顾客的保险金是有利息的。当然!我这么年轻在您面前讲这些,实在有点班门弄斧,还望您多多指教……"

说也奇怪,经她这么一说,李先生开始面带笑容,相谈甚欢,当然,这位推销小姐最后也达到了她此行的目的。

这位推销员成功的秘密就在于站在对方的立场上来思考,设身处地,投其所好,发现对方的兴趣、要求,而后再进行引导,晓之以理,动之以情,使与她的想法同调,最后使之接受。

接近客户最好的方法就是投其所好。培养与客户一样的爱好或兴趣。当客户注意到你时,就会有想进一步了解你的欲望。

据说,墨西哥的大企业家办公室中常有两只椅子并行排列,"商谈"时并肩而坐,这样,"商谈"很容易顺利完成,因为这样的做法会让人觉得双方的步调一致、立场一致,给人们的就不是"你我"的感觉,而是"我们"的感觉。

在推销的过程中,要挑选客户最感兴趣的话题,这样才会取得良好的效果。

在一般场合,可根据对方从事的工作、专业等方面引出对方可能感兴趣的话题。比如,对方是从事经济学专业的,那么你可以提出一些生活中的经济现象,他可能很乐于回答,这显然就是一个较好的话题。同样,你也可以从对方的提问中了解对方感兴趣的话题,如果你自己也有兴趣,那就可作进一步的深谈。应当注意的是:对方若显然想回避某个问题,即使你认为是他的专长,也要意识到自己的责任不只是把自己心中想的表达清楚就行,也应考虑到怎样谈使对方产生兴趣,容易理解,并根据对方各种反馈信息来调整自己在不同推销场合的讲话内容与方式。

美国教育家卡内基说过这样一段话:"在去钓鱼的时候,你会选择什么当鱼饵？即使你自己喜欢吃吐司，但将吐司放在鱼竿前端也钓不起半条鱼。所以，即使你很不情愿，也不得不用鱼喜欢吃的东西来做鱼饵。"推销也是如此，在推销中，一定要发现对方的兴趣点所在，好好把握，成功推销很快就能实现了。

推销员语录

销售是以会谈为开端的，而会谈的开端则在于吸引对方的注意力，做不到这一点，就无路可走了。

02 合理说明
　　结合生动描述

一位美国推销员贺伊拉说："如果你想勾起对方吃牛排的欲望，将牛排放在他面前，固然有效。但最令人无法抗拒的是，煎牛排的'吱吱'声，他会想到牛排正躺在黑色的铁板上，吱吱作响，浑身冒油，香味四溢，不由得咽下口水。""吱吱"的响声使人们产生了联想，刺激了欲望。

为了使顾客产生购买的欲望，光让顾客看商品或进行演示还是不够的，我们必须同时加以适当的劝诱，使顾客心理上能够主动接受。

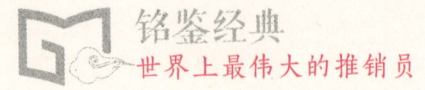

曾经有一位房地产推销员,带一对夫妻进入一座房子的院子时,太太发现这房子的后院有一棵非常漂亮的木棉树,而推销员注意到这位太太很兴奋地告诉她的丈夫:"你看,院子里的这棵木棉树真漂亮。"当这对夫妻进入房子的客厅时,他们显然对这间客厅陈旧的地板有些不太满意,这时,推销员就对他们说:"是啊,这间客厅的地板是有些陈旧,但你知道吗?这幢房子的最大优点就是当你从这间客厅向窗外望去时,可以看到那棵非常漂亮的木棉树。"

当这对夫妻走到厨房时,太太抱怨这间厨房的设备陈旧,而这个推销员接着又说:"是啊,但是当你在做晚餐的时候,从厨房向窗外望去,就可以看到

那棵木棉树。"当这对夫妻走到其他房间,不论他们如何指出这幢房子的任何缺点,这个推销员都一直重复地说:"是啊,这幢房子是有许多缺点。但您二位知道吗?这房子有一个特点是其他房子所没有的,那就是您从任何一间房间的窗户向外望去,都可以看到那棵非常美丽的木棉树。"这个推销员在整个推销过程中,一直不断地强调院子里那棵美丽的木棉树,他把这对夫妻所有的注意力都集中在那棵木棉树上了,当然,这对夫妻最后花了50万元买了那棵"木棉树"。

作为推销员应该明白,在对产品进行说明时,不能仅以商品的各种物理性能为限,因为仅仅这些并不足以打动顾客的心。要使顾客产生购买的念头,还必须在此基础上勾画出一幅梦幻般的图景,这样才会使商品增加了吸引人的魅力。

但是,对产品进行描述说明必须注意以下几点:

第一,对产品的描述要符合实际情况。我们的描述,目的就是使我们的商品或服务锦上添花。而不是描述没有事实根据的虚幻形象以致招来顾客日后的怨恨。

第二,描述要形象具体。如果我们只说"价廉物美",客户仍旧不会了解,还应具体描述一下,价廉到什么程度,物美到何种地步。

第三,用比较和对照的方法来描述。"空调机比电风扇好用多了","电饭锅比烧煤烧柴省事多了,且又没有污染"。这样进行类比,客户对产品的印象就会特别深刻。

第四,运用比喻或幽默的语言进行描述。有一个卖煤气热水器的推销员这样向顾客说明热水器的打火装置的:"您把左边这个旋钮按逆时针方向用力一扭,只听得'咔嚓'一声,里面一只小打火机就被打着了。"点火器比喻成打火机,既形象又贴切,使客户更容易了解、明白。

总之,我们把合理的说明与生动的描述结合起来,可以起到画龙点睛的作

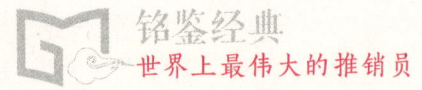

用,对激发顾客购买欲望具有推动作用。

推销员语录

在销售活动中,人品和产品同等重要。优质的产品只有在具备优秀人品的销售代表手中,才能赢得长远的市场。

03 让自己的声音更加动听,充满魅力

希腊哲学家苏格拉底说:"请开口说话,我才能看清你。"人的声音是个性的表达,声音来自人体内在,是一种内在的剖白。

运用动听的声音,掌握语言的魅力,让交易轻松达成。那么,如何说话才能让声音充满魅力呢?

推销之神乔·吉拉德根据他累积了50年的推销经验,认为要发出有魅力的声音,有以下7个诀窍:

1.语调要低沉、明朗。这样的语调最吸引人,所以语调偏高的人,应努力让自己的语调变得低沉一点,这样才能发出迷人的声音。

2.咬字清楚、层次分明。这是说话中最关键的一点,否则,不但对方无法

了解你的意思，而且会给其带来压迫感。

3. 语速运用恰当。在说话时，要依实际状况的需要，调整快慢。另外，音调的高低也要妥善安排，借此引起对方的注意与兴趣。任何一次的谈话，抑扬顿挫，速度的变化与音调的高低，必须像一支交响乐团一样，搭配得宜，才能成功地演奏出和谐动人的乐章。

4. 运用停顿的奥妙。"停顿"在交谈中非常重要，但要恰当地运用，既不能太长，也不能太短，这需靠自己去揣摩。"停顿"可以起到整理自己的思维、引起对方好奇、观察对方的反应、促使对方回话、强迫对方下决心等作用，所以不能忽视。

5. 音量的大小要适中。在一个房间里，如果音量太大，就会被视为噪音。而且声音太大，非常刺耳，惹人讨厌。相反，音量太小，像蚊子叫，说出的话对客户没有一点感染力，这样往往会使生意泡汤。正确的做法是，在两人交谈时，对方能够清楚自然地听到你的谈话音量就行了。

6. 词句须与表情互相配合。交谈中的每一个字、每一句话都有它的意义。平常我们说话时，都用词句予以表达。单用词句表达你的意义是不够的，必须加上你对每一词句的感受，以及你的神情与姿态，你的谈话才会生动感人。

7. 措词高雅，发音正确。一个人在交谈时的措词，有如他的仪表，深深地影响谈话的效果。有时你也会碰到风度翩翩、谈吐不俗的客户，你可以向他们学习。注意他们的谈话，记下他们的优点，多思考琢磨，自会提升自己的水准。另外，对于那些较为艰涩的字眼，发音要力求正确，因为这无形中会表现出你的博学与教养。

语言的影响力是不可低估的，一句话可以使对方感动、豁然开朗，甚至于生气。推销员最主要的就是靠这种具有不可思议的魔力的言语来做买卖，即靠嘴巴吃饭。有这样一个故事：

有一次，一家成衣公司挖走了原一平所在公司的一个推销员，这种彼此挖墙脚的事在商界不足为奇。但让他奇怪的是，这家成衣公司的老总是一个非常讨厌保险推销员的人。于是，原一平决定会会那位老总。

在会见那位老总之前，原一平对那位老总做了充分的调查和了解。拜访前通过秘书小姐又得知这位总经理很少在自己的办公室办公。

当原一平走进那间大的办公室时才发现，里面有很多员工，假如不是事先做好了充分准备，一时之间根本不知道哪位是总经理。

总经理只穿着衬衫，与职员们一起忙碌着，整个办公室是一片生机勃勃的景象，原一平轻松自然地从他的斜后方走过去，拍了一下他的肩膀。"总经理，好久不见啦！"

总经理转过头诧异地说："咦！我们见过面吗？"

第四章
掌握推销的语言技巧

"贵人多忘事哦,就在同乡会呀!我记得你是大阪人,对不对啊?"

"不错,我的老家是大阪。"

与此同时,原一平递给他一张名片。

一看原一平是推销保险的,总经理就礼貌地推辞,但原一平并不想就此放弃,于是,他放开喉咙说道:"总经理,我相信贵公司的员工原先并非立志终身奉献给成衣业才到贵公司服务的,他们都是因为仰慕你的为人,才到这儿来的。"

说到这里,原一平用目光扫视了一下在场的员工,然后继续说:"全体员工既然都满怀对你的仰慕之情,你打算如何回报他们呢?我认为只有你永葆健康,才能领导员工冲锋陷阵。(然后压低音量说)如果你的身体已经到了无法投保的程度,你怎么对得起爱戴你的员工呢?你喜欢或讨厌保险,都不重要。(到这里,他又提高音量)现在最重要的是,你的健康是否毫无问题,你曾经去检查过吗?"

说到这里,原一平突然打住。此时,整个办公室鸦雀无声,都在等待总经理的回答。总经理显得有点手足无措,等了一会儿才说:"我没有去检查过。"

"那么你应该抓住机会去检查啊!只有自己创造并好好把握住的机会,才是真正的机会。让我为你服务吧!我将带着仪器专程来贵公司给你做身体检查。"

总经理沉默了一会儿,说:"好吧!那就麻烦你了!"

就这样,一位最不喜欢接待保险推销员的总经理被原一平攻下了。

推销员在与客户交谈时,语速该快则快,该慢则慢,该停顿则停顿;音量该小则小,该大则大;加上生动的表情和姿态,会使推销能力大大提高。

个性谨慎的人说话会小心翼翼;攻击性强的人言语咄咄逼人;雄武有力的人通常会声若洪钟……可见,声音确实能使人的本色显露无疑。因此,要想以

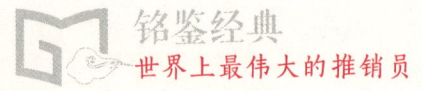

自己的魅力征服客户，达到自己推销的目的，推销员的语言艺术将起到重要的作用。

推销员语录

如果你的言词能深得人心的话，就一定能成为能干的推销员。

04 引导对方
　　多说"是"少说"不"

世界著名推销大师托德·邓肯在推销时，总爱向客户问一些主观答"是"的问题。他发现这种方法很管用，当他问过五六个问题，并且客户都答了"是"，再继续问其他关于购买方面的知识，客户仍然会点头，这个惯性一直保持到成交。

使对方在开始的时候说"是，是"。如有可能，尽量不要让他说"不"。

亚佛斯德教授曾说："一个'不'的反应，是世界上最难克服的障碍。当一个人说'不'以后，所有他的尊重人格的心理，要求他使自己即使错的也要坚持下去。他以后或觉得'不'是不甚适当，然而，他需考虑他的宝贵的自尊！每说过一句话，他必须坚持到底。所以使人开始往正面走，是极为

第四章
掌握推销的语言技巧

重要的。"

优秀的推销员可以让顾客的疑虑统统消失，秘诀就是尽量避免谈论让对方说"不"的问题。而在谈话之初，就要让他说出"是"。就好比撞台球，向一个方向推进，需要些力量才能让球的方向转移；等球往回返时，就需要更多的力量了。

因此，在拜访客户之前，首先就要准备好让对方说出"是"的话题。关键是想办法得到对方的第一句"是"。这句本身虽然不具有太大意义，但却是整个销售过程的关键。

如果客户一旦在开始时说出"不"后，要使他改为"是"就很困难了。这"是，是"的方法，使纽约格林维区储蓄银行的一位出纳员詹姆斯·爱勃逊，留住了一位顾客。

"这人进来开户，"爱勃逊先生说，"我把表格拿给他，有些问题他愿意回答，但有些他断然拒绝。

"在我学习人际交往以前，我会告诉一些来开户的人说，如果他们不把这些材料交给银行，银行可以拒绝为他开户，不接受他的存款。

"但今天早晨，我决意用我学过的人际交往的知识来解决这件事。我先不跟他谈论银行想要什么，而是谈他想要的。最重要的，我决定让他从一开始就说'是，是'。所以，我允许他不把表格填写完整。我告诉他他拒绝填写的材料，不是非写不可的。

"'然而，'我问他，'如果你不幸去世了，有钱存在这银行里面，你不愿意银行为你把这钱转给你法律上应该继承的亲属吗？'

"'是的。当然了！'他回答说。

"'你以为，'我接着说。'将你最近亲属的姓名告诉我们，在你死去以后，我们设法毫无失误地、及时地执行你的愿望，这样做不是一个非常合适的方法吗？'

"他又说,'是。'当他明白了我们要问这材料不是为了我们而是为了他的时候,那个人的态度就改变了。在他离开银行以前,这位青年不只将关于他自己的全部的材料都给了我,还按我的建议,开了一个信托账户,以他的母亲为直接受益人,并且他很高兴的回答了所有关于他母亲的问题。

"我发现让他一开始就说'是,是',这使他忘记了争执点,并且还乐于做我所建议的事。"

还有这样一个故事:

有一次,大推销员金克拉因违反交通规则被罚款30美元。他拿着罚款单去交罚款,当他把钱交到那位处理罚款通知单的小姐手中时,顿时产生了一个念头:如果我能巧妙地抓住这个机会与她搭上话,也许能够把自己损失的钱捞回来;即使买卖不成,对自己也没有什么损失。

第四章
掌握推销的语言技巧

于是,他对小姐很有礼貌地说:"我可以向你打听两件事吗?"

小姐微笑地说:"请说吧!"

金克拉问道:"想必你现在还是单身一人吧?我想你大概也有些积蓄了吧?"

小姐不解地点点头,说:"嗯,是啊!"

金克拉神秘地说:"有一件东西非常好,你以后一定用得上。如果你看了喜欢它的话,愿意每天省下25美元把它买下吗?"

"嗯,我愿意。"小姐又给出了肯定的回答。

"那件东西就放在我的汽车的后备箱里。那可是件非常漂亮的东西,而且是很难买到的。你不但现在需要,而且在将来的生活中也会经常用得到它。为了让你尽快看看那件东西,我能否耽误你5分钟的时间?"

"嗯,我想看看。"小姐再次给出了肯定的答复。

"那么,请稍等一下。"

金克拉连忙跑到汽车旁,将一套锅的样品拿了出来。然后又进行了示范演示,问小姐:"请问你是否需要订货?"

小姐的态度有些犹豫,刚好旁边有一位比她大10岁左右的已婚妇女,小姐便问她:"请问如果您是我,您会怎么做?"

没等那位妇女回答,金克拉插嘴道:"如果您站在这位小姐的立场上考虑问题,您将怎么做?其实,您是已经结了婚的人了,结婚以后您所负担的费用会随着家庭人口的增加而增加,我想这些您是完全明白的。请您想想,如果您在结婚之前,能有一个得到一套漂亮的锅的机会,您会怎么办?"

那位妇女果断地说:"如果是我的话,我会毫不犹豫地将它买下来。"

金克拉转过头问那位小姐:"这应该也是你想要做的吧?"

小姐微笑着回答说:"嗯,是啊。"

于是，金克拉成功地得到了一份订货合同。签完合同，他又问那位已婚妇女说："虽然十年前您没有遇到这样的机会，可是总不能让您和您的家人以后也不使用这样的锅吧？"

"嗯，那倒是。"已婚妇女回答道。

金克拉说："估计您也想买套锅吧？"

已婚妇女说："是啊。"

就这样，金克拉又轻松地攻下了另一位客户。他之所以在短短的几分钟时间内能得到两份订单，关键在于他能巧妙地让对方一开始就说"是"。

所以，在与客户交谈时，说一些让对方认同的事情，让对方在一开始多说"是"，这样会让客户很容易接受你的建议及你推销的产品或服务。

苏格拉底是迄今人类所知的最伟大的科学家之一，他所做的贡献改变了人类思想的过程。24个世纪过去了，大家还依然尊称他为最有智慧的说服者，他对这个纷争的世界影响最大。

苏格拉底的方法是什么？他并没有告诉人们说他们的做法是错误的，他的整个方法，在现在被人们称为"苏格拉底方法"，是以得到"是，是"的反应为根据。他问的问题，即使反对他的人也会说"是"。他不断的得到一个又一个承认，直到他得到许多的"是"。他继续不断的发问，直到最后，不知不觉的，他的反对者发觉自己已经接纳了数分钟以前自己还坚持不承认的结论。

假如我们因为要指正他人的错误而犯难的话，多向苏格拉底学习一下，向对方发一个温柔的问题——能得到"是，是"反应的问题。中国人有一句格言，充分显示了东方人民古老的文明和智慧，那就是"轻履者行远"。

第四章
掌握推销的语言技巧

> **推销员语录**
>
> 除非第一次拜访就得到否定答案,否则就有机会创造第二次见面的机会。

05 不同的顾客 不同的说服方法

同一产品,不同的顾客表达的观点也不同,所以推销员在面对不同的顾客时要有不同的说服方法。

从前,有一个年轻人跟着自己的铁匠师父学艺,马上就要学有所成,结束自己的学徒生涯。为了检验他的技术如何,师父决定让他为四位顾客打造四把斧子。

当年轻人打造完斧子以后,自己觉得特别满意,于是等待顾客上门来拿回自己的斧子。第一位顾客是一位农夫,当他拿到斧子后,抱怨斧子太沉。年轻人听了,不知道该说什么。这时师父开口对农夫说:"您身体强壮,适合用大一些、沉一些的斧子,这样才能显示出你身强力壮啊!"农夫听了高兴地付了钱把斧子买回了家。

第二位来取斧子的顾客是屠夫，他拿到斧子不满意地说："这斧子太小，砍骨头恐怕不行吧！"年轻人心想大概是自己技术不行，羞愧地低下了头。这时他的师父开口对屠夫说："你臂力不够大，所以得拿轻巧的斧子，灵活方便，斧子太大你用着会把你的手臂震得发麻的。"屠夫听了，觉得有道理，于是也买下了斧子。

第三位来取斧子的顾客是一位年轻的樵夫，他一进来就说："怎么用了这么长时间才把斧子打造好？"年轻人心想自己干活真慢，更加羞愧了。这时师父连忙笑着向樵夫说道："慢工出细活嘛！这斧子保管你一天砍一大堆柴！"樵夫认为有理，也满意地离开了。

最后来拿斧子的是一位老人，他看见打造好的斧子，然后愁眉苦脸地说："这么快就打好了？恐怕打得不够火候吧！"年轻人一脸窘迫，更不知如何回答才好。还是师父帮他上前解释说："我是怕您老人家着急要用，万一着急伤了身体，多不值得。于是我这徒弟连夜为您打造这把斧头，质量您放心，绝对没问题！"老人一听，也满意地买下斧子走了。

说服就是通过说让对方相信并听从，说服不是天花乱坠、夸夸其谈，是建立在事实基础上、为了满足对方某种需求的劝说。说服别人，是需要的技巧的。而不同的顾客也必须采取不同的说服方法。

社会上，有这么一种人，一方面只坚信自己，不相信别人比他更聪明、更正确。另一方面又非常缺乏自信，深怕自己的理由被别人驳倒、自己的信心被别人动摇。因而不敢说出真正的理由。

当说服这类人时，他最担心的是可能要受到伤害。因此，在思想上先砌上了一道墙，在这种情况下，不管你怎么讲道理，他都听不进去。

而要解决这种心态的最有效的办法就是要有真诚的态度以及足够的智慧，并且要去了解他的思想及内心世界。用热情来感化他，使他从内心受到感动，从而改变自己的态度。

第四章
掌握推销的语言技巧

还有一种人更难说服,这种人对他心中的真正的理由,不是不肯说,也不是不敢说,而是他自己也不清楚自己内心的真正想法。

对于这类人,要想让他们心甘情愿地去购买,最有效的方法,不是谈你所需要的,而是谈他需要的,通过事实让他自己说服自己。

原一平有这样一位客户,不管怎么说,他就是只愿意投保一份小额的保险,不愿意投保一份大额保险。于是原一平就给他讲了这样一个故事:

在很久很久以前,有3个旅行者在沙漠之中行走,忽然之间,从上空传来了这样的声音:"停下来吧,走下你们的骆驼,在地上拾起一些石块,然后继续走你们的旅程。"

3个人虽然很疑惑,但仍照者指示去做,那声音继续说:"在天亮的时候,你们3个人,既会高兴,又会后悔。"在天亮时,他们把手伸进口袋取出石块,发现那些石块已经变成钻石了,他们真是又高兴又后悔,高兴的是石头变成钻

石，后悔的是没有多拿一点。

人寿保险就是这样，当您和您的家人在需要它的时候，您家人会既高兴又后悔，高兴的是买了保险，后悔的是没有多买一点保险。

最后问："先生，您要选择做哪一种人呢？"

客户当然选择买更大额的保险了。

总之，在说服别人的过程中，我们必须不断地深入了解自己的问题，并且丰富自己对人对事的认识。否则，如果我们只是单调地重复我们已经说过的话，那么除了令人讨厌之外，恐怕是得不到什么说服效果的。

一个好的推销员，只要有一线希望，就不应该放弃成交的努力。对于顾客拒绝成交的理由，做要具体分析，真正搞清楚到底是什么原因，有针对性地排除障碍，这样才有可能创造突出的业绩。

推销员语录

接近客户不可千篇一律公式化，必须事先有充分准备，针对各类型的客户，采取最适合的接近方式及开场白。

第四章
掌握推销的语言技巧

06 恰当的提问
　　可以使销售更畅

　　施莱辛斯基认为，大多数推销员总是喜欢自己说个不停，希望自己主导谈话，而且还希望客户能够安静地坐在那里，被动地聆听，以了解自己的观点。但是，对于推销员来说，最重要的是，要尽可能有针对性地提问，这才是推销成功的最大诀窍。

　　通过提问的技巧你能够引导客户的谈话，同时取得更明确的信息，以支持你销售的产品或服务。

　　善于提高也是一种技巧，如何激起顾客的购买欲望，还要看推销员的本事。

　　施莱辛斯基曾经做过房产推销，当他了解了一位客户的购买意向后，就对客户说："先生，如果您看到了心中所向往的风景优美的地方，而且价格也相当合理，您要不要？"

　　"那当然，我会重点考虑。"

　　听到客户的回答后，施莱辛斯基立即带他到一处能够看得见美景的地方参观。价格也比较合乎客户的要求，然后施莱辛斯基问："我们成交了吗？"并当即开具买卖同意书。

客户对此处比较满意，但不知为什么还是有些犹豫。施莱辛斯基追问道："先生，您不是说过，情况如果真如我所说的那样，您就会购买的吗？"

后来客户告诉施莱辛斯基，他之所以犹豫是因为价格的原因。这当然不成问题，随后，施莱辛斯基就价格问题又同客户做了一次商谈，生意最终以双方都满意的结果成交。

大体来看，推销员在面谈时常用的提问方式有下列几种：

1. 主导式提问

把你的主导思想说出来，最后在说话的末尾用提问的方式把你引导成交的意图传递给顾客。

如果你说的话符合事实而又与顾客的看法一致，对于你的提问他会回答说"是"。可以说，推销工作是一门正确提问的艺术。要牢记：要等到顾客表现出购买的主观愿望时你才能提出引导性的问题。如果他们没有表现出主观兴趣，你就喋喋不休地提出一大堆问题引导他们购买，结果会适得其反。

有这样一个例子：

一位推销员要推销办公室复印机，他和某公司办公室主任约定会谈。

他想卖给他们的是一台"佳能"牌复印机。"佳能"的性能的确很好，不仅复印速度很快，而且分页装订也快。推销员认定他们一定会买一台。因此，他把复印机打好包装，捆在一台带脚轮的轻便小车上，而且还准备好一本精美的介绍材料。总之，他信心十足，以为万无一失。

会谈一开始，推销员就说："您想要一台复印精确逼真的复印机，是吗？您喜欢一台能同时完成分页和装订的复印机，对吗？"办公室主任摇着头说："不，我们从来不在自己的办公室里装订任何东西。马路对面有一家设备完善的印刷厂，所有这些分页、装订的事情他们都包下来了。我们只要一台结构小巧，不出故障的高质量复印机就行了。"

这样，这位推销员就把自己逼到了一个尴尬的境地，推销也很难进行下去。

他不是问对方想要什么，而是告诉对方该要什么。他没有等顾客表达出购买意图就一头钻到死胡同里去了。优秀的推销员要善于抓住买主的主观意图，而不是把自己的主观愿望强加于对方。

2. 征询式提问。

以征求意见或请教的方式提出问题进行引导能给人较为亲切的感觉。这种提问方式与上面这种方式恰好相反。这种提问方式更为灵活，并且更让人感到亲切。

要做到非常熟练自然地向顾客提问需要反复练习。其实，这并非一件简单的事情。因为这是一种语言习惯，在不知不觉中影响着顾客的心理。

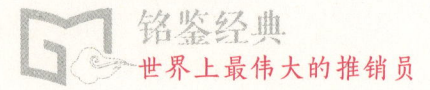

你要在激烈的推销竞技场中站稳脚跟，就必须认真从基本功练起，训练自己在不同场合做出迅速的反应，才能掌握高水平的语言技巧，使推销变得得心应手。

3. 诱发好奇心。

这种方法是在推销员在与客户见面之初便直接向可能买主说明情况或提出问题，故意讲一些能够激发他们好奇心的话，将他们的思想引到你可能为他提供的好处上。如一个推销员对一个多次拒绝见他的顾客递上一张纸条，上面写道："请您给我十分钟，好吗？我想为一个生意上的问题征求您的意见。"纸条诱发了采购经理的好奇心——他要向我请教什么问题呢？同时也满足了他的虚荣心——他向我请教！这样，结果很明显，推销员应邀进入办公室。

但当诱发好奇心的提问方法变得近乎要花招时，用这种方法往往很少获益，而且一旦顾客发现自己上了当，你的计划就会全部落空。

4. 连续肯定法。

连续肯定法是指推销员所提的问题便于客户用赞同的口吻来回答，也就是说，推销员让顾客对其推销说明中所提出的一系列问题，连续地回答"是"，然后，等到要求签订单时，已造成有利的情况，好让顾客再作一次肯定答复。如推销员要寻求客源，事先未打招呼就打电话给新顾客，可以说"我很乐意和您谈一次，提高贵公司的营业额对您一定很重要，是不是？"（很少有人会说"无所谓"），"好，我想向您介绍我们的产品，这将有助于您达到您的目标，日子会过得更潇洒。您很想达到自己的目标，对不对？"……这样会让顾客将"是"进行到底。

而要运用这种方法，要求推销人员要有准确的判断能力和敏捷的思维能力。

5. 限定式提问。

第四章
掌握推销的语言技巧

在一个问题中提示两个可供选择的答案,两个答案都是肯定的。

人们有一种共同的心理:认为说"不"比说"是"更容易和更安全。所以,优秀的推销员向顾客提问时,尽量设法不让顾客说出"不"字来。

精明的推销员在提问时给顾客提供两种答案供选择,如"王经理,今天下午我正好要经过你们公司,您看我是在2点钟左右来见您还是3点钟来?"

"3点钟来比较好。"当他说出这句话时,就证明你已和他约定好了。成功的原因是你提示了两个让他做出肯定答复的问题,而没有给他机会说"不"。

要使提问取得良好的效果,推销人员应注意:提问的时机要适宜;提问时,应注意顾客的情绪,在顾客适宜答复时提问;提问的速度要适当,太快似乎有审讯感,太慢令人感到沉闷;提问的内容要有针对性,避免因禁忌问题而冒犯顾客;提问的先后次序要有逻辑性。

另外,推销员在向顾客提问时,还应注意以下几点:

第一,不要随意向顾客发布"最后通牒"。在推销过程中,有一些推销员往往要在面谈中向顾客提这样一些问题,比如"您还不作购买决定""我们能否今天就达成协议""您是否接受我们的推销建议""您买这种产品吗"等。这些问题往往使顾客感到反感,于是,顾客会毫不留情地拒绝推销人员的建议。

从另一个角度看,这种提问也违反了销售心理学的一条规则,即要避免提出一些容易遭到反对的问题。以"最后通牒"形式征求顾客意见,只会招致否定的答复。"我们再来谈一谈你要不要这个产品?"这样的提问只能引起顾客的反感,"不,我现在不想谈。"

第二,要有针对性地提高。在推销产品的过程中,要有针对性地向对方提问题,盲目地提问是毫无意义的。

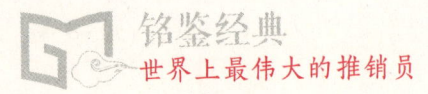

施莱辛斯基说:"有针对性地提高也是一种谈话艺术,谁掌握了提问的技巧,谁就掌握了买卖的艺术。推销员有针对性地提问,往往能够获得评估客户的重要信息,不仅有助于设计一套有说服力的推销方案,而且有助于计划下一次的推销访问。"

第三,用温和肯定的语气提问。提问的语气不同,对方的反应就不同,得到的回答也不同。在开始洽谈时用肯定的语气提出一个令顾客感到惊讶的问题,是引起顾客注意和兴趣的可靠办法。

在日常生活中我们发现,用肯定的语气与人交谈,会给人以可信可亲的感觉;而用否定的语气与人交谈,则给人以疏远疑惑的感觉。

因此,在推销过程中多用肯定语气交谈,可以使顾客对推销发生更大的兴趣。

推销员通过巧妙地运用提问技巧,就能使客户说出他们购买推销员推销的产品或服务犹豫不决的真正原因是什么,以及他们最大的顾忌是什么,由此,推销员也就知道该如何妥善解决这些问题。

推销员语录

会问问题,并完美解决问题是推销员必修的本领。

第四章
掌握推销的语言技巧

07 少说"我"多说"你"

驾驶汽车时应随时注意交通标志，而说话也如此，应随时注意听者的态度与反应。人们最感兴趣的就是谈论自己的事情，而对于那些与自己毫无相关或联系甚少的事情，大多数人会觉得索然无味。对于你自己有浓厚的兴趣的事情，不仅常常很难引起别人的兴趣，甚至可能还觉得好笑。你看来是充满了喜悦，别人不一定有同感，这是人之常情。

少说"我"、多说"你"是处理人际关系的普遍方法。也就是说使对方成为谈话的中心，不要冷落了对方。你要善于分享对方的欢乐，对方的成功，对方的一切。而这种"关怀"对方的方式会让对方有一种自我实现的良好感觉。

竭力忘记你自己，不要老是喜欢谈你个人的事情。每个人喜欢的是自己最熟知的事情，那么，在交际上你就可以明白别人的弱点，而尽量去引导别人说他自己的事情了，这是使对方高兴最好的方法。你以充满同情和热诚的

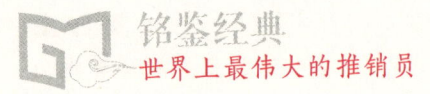

心去听他叙述,就一定会给对方留下最佳的印象,并且会热情欢迎你,热情接待你。

罗斯是个大忙人,他对推销员的态度是:离他们远点。

下面就是贝特格第一次与他见面时的谈话内容。

贝特格:"先生您好,我是保险公司的推销员贝特格,您认识吉米·沃克先生吗?是他介绍我来的。"贝特格把吉米·沃克先生亲笔签名的名片递给他。

罗斯:"又是一个推销员。"

罗斯一脸的不高兴,瞥了那张名片一眼就把它扔在了桌子上。

贝特格:"是的。"

罗斯:"你已经是今天第10个推销员了。我还有很多事要做,不可能花时间听你们这些推销员的话,别再烦我了,我没有时间。"

贝特格还没来得及进一步说明情况就被他打断了。

贝特格:"我只打扰您一会儿,请允许我做个自我介绍。我这次来只是想和您约一下明天的时间。您看是上午还是下午?我只要20分钟就够了。"

罗斯:"我说过了我根本没时间。"

贝特格并没有退却,而用了整整1分钟仔细地看他放在地板上的产品,说:"这些产品是您公司生产的吗?"

罗斯:"是的。"

贝特格:"您做这一行多长时间了?"

罗斯:"哦,有22年了。"

贝特格:"您是怎么开始做这一行的呢?"

罗斯仰身靠在椅背上,神态可亲地说:"说来话长了。我17岁就到一家工厂干活,在那里我没日没夜地干了10年,后来就自己开了现在这家公

第四章
掌握推销的语言技巧

司。"

贝特格："您是在此地出生的吗？"

罗斯："不是，是在瑞士。"

贝特格："那您肯定是年龄不大的时候就来了。"

罗斯："我离开家时只有14岁，曾在德国待过一阵，后来到了美国。"

贝特格："那您肯定是带了大笔资金来这儿开拓事业。"

罗斯微笑着说："我以300美元起家，干到现在，达到了30万美元。"

贝特格："我想看看您这些产品的生产过程，那肯定是很有意思的事。"

罗斯站起来走到贝特格身边："不错！我们为自己的产品感到骄傲。我相信这些产品在市场上是最好的。你愿不愿意到工厂里走走，看看这些产品是怎么造出来的？"

贝特格："当然愿意。"

然后，罗斯先生把手搭在贝特格的肩膀上，陪着他一起去参观工厂。

第一次和罗斯先生见面，贝特格并没有向他卖出任何保险，但在那以后的16年里，贝特格向他卖了19份，还向他的儿子们卖出了6份。贝特格不但赚了不少钱，还和他成了好朋友。

从心理学上说，人的虚荣心属于人的性格方面的情感特征，同其他的情绪的发生一样，虚荣心也取决于人的需要，人的需要是有层次的，也有人与人之间的差别。但一般而言，虚荣心总是与人的自尊心相联系的。愈是虚荣心强的人，愈是需要别人对他的倾听与赞美。

而那些爱自我夸大的人，永远不会有太多的朋友，因为他自视甚高，睥睨一切，不大理会别人的意见，只会自己吹牛。他常自认为自己是一个最有能力的人，如果他做生意，他觉得没有人比得上他；如果他是艺术家，他就以为自己是一代大师；如果他在政治舞台上活动，他会觉得只有他自己是救世主。但有修养的人，必定不会随便说及自己，更不会夸张自己，他自己很

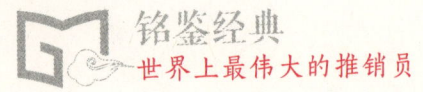

明白，个人的事业行为在旁人看来是清清楚楚的，没必要自己去说，人们自会清楚。

其实，每个人都喜欢被重视。作为一个推销员，不要老是针对自己，夸自己多么能干，能力多么强，这样只会让顾客对你产生反感。在和顾客说话时，如果不注意他的情绪或反应，只是一个劲儿地提到我如何如何，你不会收到任何满意的效果。如果改变一下，把"我"改成"你"，这对你不会有任何损失，只会获得对方的好感，会让顾客觉得你很尊重他，那么你同他的友谊也会进一步加深。

"你"和"我"表面看起来只有一字之差，但给我们的心里感觉则是完全不同的。事实上，你在说"我"的时候已经失去了自己，而在说"你"时，你已经印在了对方的头脑中。

推销员语录

> 让客户谈论自己。让一个人谈论自己，可以给你大好的良机去挖掘共同点，建立好感并增加完成推销的机会。

第四章
掌握推销的语言技巧

08 让幽默
　　为推销注入活力

在谈判中采用幽默姿态，可以缓和紧张形势，制造友好和谐的气氛，从而拉近双方的距离，淡化对立情绪。

美国谈判高手科恩认为：世界是一张巨大的谈判桌。这话很有道理。在社会生活中，我们每个人都不可避免地与别人发生接触。个人的、集体的，或为工作，或为金钱，或为荣誉等等。这样，你就自觉或不自觉地成为谈判的参与者。在一般人看来，谈判是庄重且严肃的。其实，在谈判中合理运用些幽默，可以缓和紧张的形势，制造和谐的气氛，进而缩短谈判双方的心理距离，从而有利于谈判的顺利完成。

谈判时具有幽默心理能够使人们的情绪良好、思路清晰、判断准确、充满自信。因此，幽默能使一个人在谈判中左右逢源，可以在"山穷水尽疑无路"时迎来"柳暗花明又一村"的喜悦。

苏联第一位女大使柯伦泰曾被任命为驻挪威全权贸易代表。

有一次，她和挪威商人谈判购买挪威鲱鱼，挪威商人出价高得惊人，她

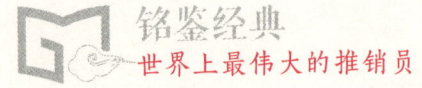

的出价也低得让人意外。双方开始讨价还价，在激烈的争辩中，双方都试图削弱对方的信心，互不让步，谈判陷入僵局。无奈之中，最后柯伦泰对挪威商人说："好吧，我同意你们提出的价格。如果我们政府不批准这个价格，我愿意用自己的工资来支付差额。但是，这自然要分期支付，可能要支付一辈子了。"

挪威商人在这样一个谈判对手面前无计可施，只好同意将鲱鱼的价格降到柯伦泰认可的水准。可以说，幽默是智慧的宠儿，成功永远属于智慧的幽默者。

美国沃思堡市亿万富翁巴斯四兄弟被喻为谈判桌上的奇才。他们认为，做好生意好比追求女性，如果你狂热地追求她，她会扬长而去；而当你后退时，

第四章
掌握推销的语言技巧

她却会跟着你走。这是多么风趣而幽默的想法啊!

合理适度的幽默对于建立良好的气氛有很大的好处:让双方精神放松,进一步密切双边关系,这样就可以营造一个友好、轻松、诚挚、认真的合作氛围。对谈判双方来说,这些都是具有实质性意义的。

1943年,英国首相丘吉尔与法国总统戴高乐由于对叙利亚问题存在分歧,两人心存芥蒂。直接原因是戴高乐宣布逮捕布瓦松总督,但是丘吉尔却十分看重布瓦松总督。要解决这一件令双方都颇为棘手的事,只有依靠卓有实效的会晤了。

丘吉尔的法语讲得不是很好,但是,戴高乐的英语却讲得很漂亮。这一点,是当时戴高乐的随员们以及丘吉尔的大使达夫·库柏早就知道的。

双方会晤的那一天,丘吉尔是这样开场的,他首先用法语说道:"女士们先去逛市场,戴高乐、其他的先生跟我去花园聊天。"接下来,他用足以让人听清的声音对达夫·库柏说了几句英语:"我用法语对付得很好吧?既然戴高乐将军英语说得那么好,他完全可以理解我的法语的。"语音未落,戴高乐及众人哄堂大笑。

丘吉尔的这番幽默消除了紧张,建立了良好的会谈气氛,使谈判在和谐信任中得以顺利进行。

幽默具有很大的力量。谈判时巧妙运用幽默的手法,可以使你摆脱僵局,处处主动。

成功学大师卡耐基认为,运用幽默的技巧可以消除与顾客之间的紧张感,使整个交际过程轻松愉快,充满人情味,从而使产品得以成功推行。

在产品推行中运用幽默技巧是很有成效的。运用幽默可以发展客户,巧妙地运用幽默技巧可以消除与顾客之间的紧张感,使整个交际过程轻松愉快,充满人情味,使产品推广成功。

在一次国际食品博览会上,尚未打开销路的茅台酒因包装跟不上国际先进

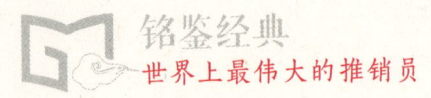

水平,无法引人注意。于是,参展人员将一瓶茅台酒摔碎在地上,浓郁醇厚的香气顿时引来了大批客户,终于使茅台酒扬名中外。这种"不是方法"的幽默是成功的。

作为一个成功的推销员,不仅要有丰富的知识、热忱的工作态度、良好的服务意识、非凡的勇气和韧性,还要有机智的幽默感。

杰克是一名推销尺子的推销员。他口才很好,而且反应机敏,善于随机应变。

一次,他正在推销他那些"折不断的"绘图T字尺:"请看,这些绘图T字尺多么牢固,任凭你怎么用都不会损坏。"

为了证明他所说的话正确,杰克捏着一把绘图T字尺的两端使它弯曲起来。突然"啪"的一声,杰克只能目瞪口呆地望着他手中那两截塑料断片了,但杰克马上又把它们高高地举了起来,对围观的人群大声说:

"女士们,先生们,这就是绘图T字尺的内部的样子。"

可以说推销员的工作与其说是在谈推销,还不如说是在调侃推销。我们知道,对于推销员,一般顾客是冷漠相待的,甚至还要忍受常人想象不到的轻蔑和侮辱。但如果每一位推销员都拥有开朗幽默的心境,又何愁产品销路不畅呢?

推销大师皮卡尔说:"交易的成功,是口才的产物。可以说,推销的实质就是说服。"

推销员语录

培养一点潇洒的习惯,不要太在意别人的看法或批评,如此你才能很自在的与他人相处。

第五章
真正的推销从拒绝开始

　　成功的推销员都知道,客户的拒绝是稀松平常之事,推销原本就是从拒绝开始的。其实,拒绝是客户的最直接的、正常的反应,推销员只有真正认识并克服这一点,才真是向成功迈进了一步。每一个成功的推销大师都是从无数次的被拒绝中走过来的。

01 人们为什么会拒绝

推销中的拒绝就像一道无法逾越的屏障,有的人面对它一筹莫展,最终因怀疑自己的能力而离开这个行业;而有的人则在遭到拒绝后逐渐成长,最后成为一名伟大的推销员。"销售始于被拒绝时"是推销人员的始祖——雷德的名言。确实,在推销过程中,遭遇顾客的拒绝是一件很平常的事。

在遭遇拒绝时,能化危机为契机,把绊脚石变成垫脚石,化拒绝为接纳,这是推销员对待拒绝应有的态度。当我们推销失败时,不要只是一味地埋怨顾客、埋怨自己,而要认真分析一下原因。其实,顾客之所以拒绝,大体上有以下几种原因:

第一,害怕推销员看透自己,讨厌和推销员说话。

大多数人在推销员出现时,都会觉得受到干扰,感到自己的隐私受到侵犯,便自然而然地采取防卫的态度,借故排斥与推脱。因此,顾客在与推销员谈话时,总是不愿把内心想要说的话完整地表达出来,不愿意和推销员沟通。

第二,害怕被欺骗。

第五章
真正的推销从拒绝开始

这种害怕被别人欺骗的心态使顾客感到不安,他们害怕自己会在不知不觉中被推销员的花言巧语所迷惑,买下他们的产品或服务,事后会后悔。

第三,不了解产品。

顾客在不了解产品之前,最直接与最正常的反应,就是拒绝推销。

第四,选错推销对象。

有钱、有需要是顾客的基本条件,当你选定的推销对象不具备这两个条件时,就是找错人了。他口袋里没有钱,即使你的产品或服务再好,也会拒绝你;他不需要这种产品或服务时,即使你说得天花乱坠,也是对牛弹琴,他也不会购买。

总而言之,他可以用任何一个借口,用任何一条理由,甚至是不成其为理由的理由,就可以毫不留情地拒绝你。

日本推销专家二见道夫曾对378名推销人员作了如下调查:"推销员访问你时,你是如何拒绝的?"70%的人都没有明确的拒绝理由,只是单纯地反感推销人员的打扰,随便找个借口打发,可以说拒绝推销的人中有2：3以上是在说谎。

要想弄明白顾客拒绝的真正理由,只有通过与他对话,从他的语言、神态表情及身体动作等方面去猜测和分析。

只要顾客不拒绝与你对话,你就可以有针对性地对他提问,从他的回答中就会发现拒绝的真正理由。只要你了解了拒绝的真正理由,便可以对症下药,用你已经准备好的一整套的推销语言和技巧去说服他。

推销员语录

推销员之所以有较高的薪水,就是因为经常被人拒绝。

02 为拒绝做好准备

贝特格说:"成功不是用你一生所取得的地位来衡量的,而是用你克服的障碍来衡量的。"任何一次推销,推销员都要做好被拒绝的心理准备。

推销人员可以说是与"拒绝"打交道的人,战胜拒绝的人,才称得上是推销高手。

在战场上有两种人是必败无疑的,一种是幼稚的乐观主义者,他们豪情万丈,奔赴战场,硬冲蛮打,全然不知敌人的强大,最终的结果便是惨遭敌人的毒手;另一种是胆小怕死的懦夫,一听到枪炮声便捂起耳朵,一看见敌人就闭上眼睛,东躲西藏,畏缩不前。这是战场上的原则和规律,而这些同样适用于商场、商战之中。

愚勇和怯懦都将导致失败。孙子曰:"知己知彼,百战不殆。"所谓知己,对于推销人员来说便是要知道商品的优劣特点及自己的体力、智力、口才等,并在运作中加以适当发挥;所谓知彼,就是要了解顾客拒绝的原因,以及他的真正需求与困难。掌握了这些推销规律和技巧,才能积极应对客户的

第五章
真正的推销从拒绝开始

拒绝。

而有些推销新手缺少被顾客拒绝的经验教训,盲目认为"我的产品物美价廉,一定会一帆风顺的。""这家不会让我吃闭门羹吧!"他们总是往顺利的方面想,接受拒绝的心理准备不充分,一交锋便被顾客的"拒绝"打得措手不及,仓皇而逃。把什么事都想得一帆风顺,心中没有一点被拒绝的准备,甚至以为每家每户都会笑脸相迎,端茶递烟,这在推销中是绝不可能遇到的事情。希望越大时失望也会越大,接受不了,就只有垂头丧气地逃之夭夭。

推销员希望每次交易都能成功,百发百中。但事实上,推销员会因产品或服务的不同以及推销能力的高低有别,从而使推销的成功率有所不同。推销员应该有被拒绝的心理准备,并把每一次拒绝作为一个新的开始,最后达到推销成功。

有一次，原一平靠一个老朋友的介绍，去拜访另一家公司的社长，在与他谈到生命保险问题时，这位社长说："在我们公司有许多股东反对购买保险，所以我们决定，无论谁来推销都一律回绝。"

原一平试探地问："能否将其中的原因对我讲讲？"

"这倒没关系"。于是，社长就将其中原因作了详细的阐述。

"您说的的确有道理，不过，我想针对这些问题写篇论文，并请您过目。请您给我两周的时间。"临走时，原一平问道："如果您看了我的文章感到满意的话，能否予以采纳呢？"

"当然喽，我一定向广大股东建议。"社长说道。

回到公司的原一平连忙向有经验的前辈们请教，随后几天又接连奔波于工商会议所调查部、上野图书馆、日比谷图书馆之间，查阅了过去三年间的《东洋经济新报》、《钻石》等有关的经济刊物，终于写出了一篇内容非常详实的论文，并附有调查图表。

两周以后，他再去拜访那家公司的社长，并把自己的论文交给他翻阅。看完原一平的论文后，社长非常满意，进而把该论文推荐给公司的其他股东，这之后，原一平与这家公司签订了保险合同。

后来，面对自己被拒绝的经历，原一平深有感触地说："推销就是初次遭到客户拒绝之后的坚持不懈。也许你会像我那样，连续几十次、几百次地遭到拒绝。然而，就在这几十次、几百次的拒绝之后，总有一次，客户将同意采纳你的计划。为了这仅有的一次机会，推销员在做着不懈的努力。"

"失败是成功之母"，"胜败乃兵家常事"，军人没有充分的心理准备，一上阵就会心慌意乱，措手不及。推销人员与其逃避拒绝，不如抱着失败的心理准备，去试验一下。推销前好好研究应付对策，那么，你就能反败为胜，获得成功。

> **推销员语录**
>
> 对客户的异议自己无法回答时,绝不可敷衍、欺瞒或反驳。必须尽可能答复,若不得要领,就必须尽快请示领导,给客户最简洁、满意、正确的答案。

03 消除客户的成见

所谓成见,就是客户对推销或者推销员、产品抱有偏见,因此他会对与之相关联的一切都加以排斥。如果不及时消除客户的成见,那么推销员与客户的沟通将很难顺利地进行下去。

每个推销员都希望自己完完全全地被客户接受,希望能够轻轻松松地与人相处。其实,这很大一部分取决于你自己。

尽管每个推销员都在事先反复演练,以提高与客户建立正面的第一印象的可能性,但是仍然无法避免和客户初次见面时留下恶劣的第一印象的糟糕情况。

事实上,客户的许多成见并没有什么事实根据,有一些还可能与事实相差很远,其中理性的成分并不多。这时候,推销员可采用"先跟后带"的方式,对客户进行顺水推舟(认同客户的感受),同时在沟通的过程中,再有意识地改变客户的成见,并加入推销员自己对事实的看法和描述,让客户产生新的认识,从而影响客户让其作出购买决策。

我们都知道,报纸常刊载广告以增加收入,因此,报业人士对于广告内幕很熟悉。有一家报纸想做广告宣传,扩大自己的影响力,可是却又对广告没有信心,认为广告都是骗人的把戏。而这时,某家广告公司偏偏找上门来,想说服报纸的主编在自己公司创办的刊物上做一个平面广告。

主编立刻表示说:"登什么广告,天晓得会有多少用处?"上门来的广告代理人则说:"你登广告卖,我卖广告登,彼此都一样。你帮别人扩大销售,我也帮你扩大发行,何不亲身体验一下呢?"就这样一番话说得主编一时语塞,立刻改变了自己的看法,同意了对方的要求。

可见,好好利用对方的先入为主的成见,也是很有效的说服方法。

有位年轻的设计师,知道客户的企划部经理喜欢具有法国风味的设计,因此每次他提出企划案时,总不忘说:"听说巴黎正在流行……"但事实上整个企划案都是他自己的构想,因这一句话,对方却异常赏识,只是稍加修改,便采用了。

所以,好好把握成见,让客户本身潜在的价值观与你的销售目的联结起来,并巧加升华,从而达到高度认同的目的!

那么,如何才能消除客户的成见呢?

第一,对客户的成见,推销员要么不发表自己的看法,要么故意绕过去。在大多数情况下,你的漠视会让客户重新思考改变错误看法,从而使自己客观地看待问题。

第二,直接点破。这种做法中存在一定的风险,但如果条件许可,不妨一试。

有一次,一位推销员对客户说:"我们公司的售后服务很完善。"客户就主动掏腰包了。为什么会这样呢?原来这位推销员曾经听过那位客户对同业的

第五章
真正的推销从拒绝开始

推销员抱怨说:"你们只关心东西是否卖得出去,一旦卖出去之后,就不理我们了。"他由此得出结论:这位客户对售后服务抱有成见。于是他在找这位客户时,并不强调产品质量,只是说了"售后服务很完善"这句让客户心动的话。

第三,先入为主的成见是以个人的经验为基础的,如果推销员能以有力的证据说明对方的经验有不足之处,对方可能很快接受你的意见。

推销员和客户之间之所以不能开诚布公,不能像朋友之间谈心一样进行沟通,是因为推销员与客户之间没有达到在感情上的认同。

著名的魔术师海华特·沙斯顿,非常受观众的欢迎。但是据说,他的技巧并不比一般魔术师高明,观众之所以喜欢他,是因为他对观众的态度不同于一般魔术师。

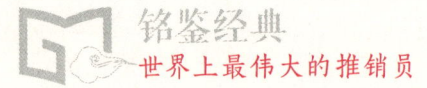
铭鉴经典
世界上最伟大的推销员

一般魔术师面对观众时,心里总是想:"这些人实在太愚蠢了,竟然对这种骗人的玩意儿这么着迷。"但沙斯顿在表演时,总是想:"这些观众实在太可爱了,我一定要为他们好好表演。"

如果你不能从感情上接受并认同客户,客户也不会在感情上接受和认同你。要想做一名优秀的推销员,在与客户交往中千万不要跟着自己的感觉走,千万不要设定标准叫别人的行动合乎自己的准则,要有接受各种类型的人的气度和胸怀,给客户一个自我的权利,这也是推销交往的前提。

推销员语录

不管你是多么擅长说服顾客购买许多东西,也必须让顾客如其所愿,照付那些金额才行,否则就不能说是一位优秀的推销员。

04 正视
失败与拒绝

每次的失败和拒绝都会伤害人的自尊心,损害自我形象,使人们形成这样的想法:"我不够好!"这也正是推销人员的败点。推销失败是不可避免的,但问题不在于失败,而在于人们对待失败的态度。

第五章
真正的推销从拒绝开始

如果你不从失败中走出来，还一味地沉浸在失败的痛苦里，你就永远保护不了你自己，一旦你取得了足够的经验，就可以从失败中解脱出来，去迎接新的挑战。

20世纪60年代中期，美国通用电气公司一位年轻工程师独立负责一项新塑料的研究。新出道的工程师踌躇满志，准备大干一场，可是天不遂人愿，不幸的事情发生了：实验的研究设备突然爆炸，3000多万美元的实验设备连同厂房瞬间化为灰烬。这对于这个年轻的工程师来说，无异于晴天霹雳，他的精神濒临崩溃。

他脑海里重复着"结束"这个词汇——自己在通用的梦想和历史就此结束了，巨额的债务就不说了，以后没有人会信任自己，自己光辉的人生也彻底结束了。他沮丧极了，带着一种赴死的心情去与通用总部派来调查事故的高级官员谈话。

这位高级官员看起来很和蔼，他没有咄咄逼人地追问责任原因，而是问这个年轻人："我们从中得到了什么没有？"工程师一惊，他不知道高级官员葫芦里卖的什么药，他小声地回答道："我们这个试验走不通。"调查官员说："这就好，我们得到了需要的东西。实验室废掉了没有什么可怕的，如果我们什么也没有得到，那才是最可怕的事。"

这位年轻的工程师有了重生的机会，他不再去想爆炸的实验室，不再去想以前的失败。他开始研究新的方法，开辟新的领域，后来取得了很大的成就。他就是日后带领通用电气公司实现了20年高速增长、被誉为世界第一的CEO的杰克·韦尔奇。

不要把失败当作失败，要当作是一种学习的经历。当你被一个可能成为客户的人拒绝时，或当你认为能够售出产品而未成交时，不要灰心，不要气馁，对失败的原因进行认真的调查，总结经验教训，为以后的工作积累经验。

在实践中要真正做到将拒绝作为前进的指路牌，将失败当作登山梯是很难的，因为每个人的心理承受能力都是有限的。但是，只要你的内心充满了成功的渴望，最终一定会收获成功。

如果你选择了推销这一行业，就避免不了经常性的遭到失败和拒绝，如果你对你的工作没有一点狂热的激情，就不可能在销售中获得非常大的成功。事实证明，如果每一次你涉及销售都缺乏热情，最好还是省省心收起你的前景规划，做好另谋出路的打算吧！你的客户已经不再想被你打扰了。

推销其实是一种创意式的苦力活，你甚至不能有丝毫的停顿，你不仅需要马不停蹄地面对许许多多的客户，而且还必须要有充分的准备面对一次次的拒绝，所以，如果你在内心无法迸发出狂热的热情，你就无法在客户面前表现出你的自信。

总之，失败没有什么，成功的道路就是由无数个失败组成的。面对失败，保持信心，坚持不懈地干下去，这样失败就会成为你最好的老师，成为取得成功的动力。

推销员语录

业绩好的销售代表经得起失败，部分原因是他们对于自己和所推销产品有不折不扣的信心。

05 让拒绝
　　成为前进的动力

推销是从被拒绝开始的。越是一流的行销人员，被客户拒绝的次数越多。

英国著名保险推销员乔·约翰顿有一次去拜访一位先生，向他推销保险。在向这位先生作了大量的介绍后，他仍然推三阻四，向约翰顿说了许多不买保险的理由。约翰顿发现自己的说服工作对这位先生来说是徒劳，就在整个推销过程即将结束时，客户也没有同意购买。

约翰顿心想，如果就这样离开的话，自己做的这些工作不就付诸东流了吗？心有不甘的约翰顿于是对这位客户说："在我离开之前，有两个问题想请教您。"

那位先生说:"好吧,你问吧,什么问题?"

得到了那位先生的允许后,约翰顿开始问道:"第一,您是用什么财务方法来达到现在拥有的保险额度?第二,谁每年检查您的保险计划,就像检查汽车代理商或神经外科医生的计划一样?"

那位先生听到这两个问题先是一愣,随即陷入思考之中。毫无疑问,约翰顿希望通过这两个问题,让客户静下来思考:为什么要买这么多保险?为什么没有人检查保险计划?

最后,经过几番考虑,那位先生终于购买了约翰顿的保险,成为他的客户。

推销员面对客户的拒绝,害怕了,不敢前进。这样,与其说你是在一次一次地逃避拒绝,不如说你是在一次一次地赶走成功。

其实,在推销过程中,被客户拒绝是难免的,对新手来说可能比较难以接

第五章
真正的推销从拒绝开始

受,但是再成功的推销员也会遭到客户的拒绝。问题在于优秀的推销员认为被拒绝是常事,并养成了习惯吃闭门羹的气度,他们经常做好了被拒绝的心理准备,并且充满了征服客户拒绝的自信,以极短的时间完成推销。即使失败了,他们也会冷静地分析客户拒绝的原因,找出应付这种拒绝的方法,当下次再遇到这类拒绝时,就会胸有成竹了。这样长此下去,所遇到的真正拒绝就会越来越少,成功率也会越来越高。

所以说,要想真正取得推销的成功,就要有在客户拒绝面前从容不迫的气魄和勇气,不管遭到怎样不客气地拒绝,推销员都应该保持彬彬有礼的服务态度,不管在什么样的拒绝下都应毫不气馁。

一位成功学家为一家知名企业组建并培训整个销售团队。他在第一个星期让推销员们电话约访客户,给他们订下了每日的电话通数目标,并挂起了排行榜,大家都兴致勃勃地开始了电话销售之旅。但到了第三天,很多人的热情骤然降温,每日的电话通数开始下降。之所以出现这样的情形,是因为他们已经被客户的拒绝所征服,甚至开始不愿意接电话,他们的业绩非常糟糕。归结原因,是他们自己否定自己,是在被拒绝之后打了退堂鼓。

面对客户的拒绝,我们可以选择执著,也可以选择以退为进。

要让别人接受你、赞许你,要想成功,你就要正视别人的拒绝。你要把拒绝当作你的励志之石,当成你不断完善、走向成功的动力。但是,在现实生活中并非所有人都懂得这些道理,因此,他们在遇到客户的拒绝时就采取了退缩的态度。

肖力在刚入行的时候,到处遭到别人的拒绝,连续两个月没有业绩,而他周围的同事却个个业绩"飘红",这给他造成了很大的心理压力。

别人能够成功就说明我们所销售的产品客户是认同的,既然产品没有问题,那么别人能成功为什么我不能够成功?肖力很快就从沮丧的心境中走出来,他下决心要成为公司最出色的业务员!

肖力觉得失败一定有原因，于是，他去拜访销售商，和他们沟通，向他们学习行业知识，了解行业情况。他还虚心地向公司的推销高手求教，从而找到了自己的不足之处。

在一次的拜访中，肖力表现得非常好，终于有一家客户说好了第二天要和他签约。肖力简直高兴坏了。然而，这不过是空欢喜一场，这个客户第二天就取消了约定，理由是老板不看好这个产品。

肖力的自信心几乎垮掉了，但是他不能承认自己是失败者，于是他暗暗地鼓励自己：坚持到底，永不放弃，我一定能够找到自己的客户。

肖力锁定了一家准客户，再次踏上了征程。那是一家规模相当大的渠道商，肖力与之已经沟通了几个月，而对方一直要求给他降价。肖力一筹莫展，但是还是继续做拜访。可是这一次一见面对方就告诉他不想合作，因为肖力提供的产品没卖点，性价比又低。这无疑是雪上加霜，尽管肖力仍进行着不懈的拜访，对方始终是拒绝的态度。

而这反而激起了肖力的斗志。他想了个对策，再见客户时，他请求客户让他用未来的7天时间在他的店里销售自己的产品，如果能够销售成功，肖力希望立即签约，如果7天内产品销售不出去，或者很难销售，那么肖力决定放弃与对方合作的机会，并且感谢客户给了他这次学习的机会。客户见肖力如此真诚，就答应了他的请求。

接下来，肖力每天8点钟准时到客户店里上班，晚上8点下班，每天都进行着不懈的推销，结果销售业绩非常好。肖力用自己的行动证明了产品的竞争力。就这样重复了5天，到了第6天早上，客户就决定签约了。理由是肖力的坚持使他感觉到肖力的公司是一家可以合作的企业，而且这5天内肖力的业绩也证明了一切。肖力成功了。

没有拒绝的推销是不存在的，与其躲避，不如坦然面对。想要成为一名成功的推销员，就要勇敢地面对客户的拒绝。不妨把拒绝当成是磨练自己的机会，从中学习克服拒绝的技巧，找到被拒绝的症结所在，你就能应对自如了。

推销员语录

成功的人是那些从失败上汲取教训，而不为失败所吓倒的人，有一点推销人员不可忘记，那就是从失败中获得的教训，远比从成功中获得的经验更容易牢记在心。

06 从被拒绝中学会推销

拒绝恐怕是一个推销员经常碰到的事情了。很多著名的推销员都是在经过了无数次的拒绝之后才成为了伟大的推销员的。他们总是从拒绝中体会销售的规律，在不断的拒绝中增长才干。

在去电视台工作之前，戴夫·多索尔森曾向一个汽车经销商推销一个电台的广告。没想到他的话还没有说完，这位汽车经销商就不耐烦地说："我从来不听电台的广播，尤其讨厌你们的电台，我想别人也不会爱听的，你别在我这儿浪费时间了。"

戴夫·多索尔森并没有泄气,在此之前他就对电台的收听率做了统计,他知道收听的人非常多。于是他就拿出数据说:"先生,你错了,我们电台的收听率是非常高的。也许你不喜欢听,可是你的客户中会有很多人爱听的,如果你在我们电台做了广告,就有可能使听广播的人都成为你的客户。"

"你不要再骗我了,天知道你们是怎么搞出这些数据的!"

"先生,请你相信我,在听众中一定会有你的潜在客户的。"

"我不喜欢听,我的潜在客户也不会喜欢听。"

这个经销商的逻辑的确很荒唐,但多索尔森没跟他计较,他灵机一动,问这位经销商:"先生,你是怎么知道我们的广播节目没有人听的呢?"

"这还用问吗?你们的热线电话总是那几个声音相同的人打进来的,这些人一定是你们电台花钱雇的。因为你们没有听众,所以不得不花钱雇人打电话。"这几句话让这位经销商露出了破绽。

戴夫·多索尔森心里想:"如果你从来没有听过我们电台的广播,你怎么会知道这些呢?"

第五章
真正的推销从拒绝开始

于是他继续不露声色地问:"哦,这个情况我还不知道呢,挺有趣的,你还知道些别的什么事情吗?"

这位经销商打开了话匣子,滔滔不绝地说:"好吧,我就跟你说一说吧。你们有一个广告实在让我无法忍受,那个广告叫什么来着?对,叫做QuickEddy的快餐广告,有这么一个广告吧?"

"是的。"戴夫·多索尔森忍不住笑。

"那个广告简直太讨厌了,不论早晚,只要我打开收音机就能听到,真烦人。"

"还有,"他接着说道,"你们还有个叫汤姆·白瑞的主持人,我非常讨厌他;还有一个叫玛丽姐姐的小姑娘主持的节目,她的声音简直让我无法忍受,像一只小公鸡一样……"

"那么,你是经常收听我们的节目了?"

"是的,我……"那位经销商这才意识到自己说错了话,结果不用说,戴夫·多索尔森很快就谈成了这笔生意。

很多推销员都有这样的经历:他们刚开口说话,客户便不耐烦地摆摆手,一场推销就这样无疾而终。如果碰到这样的客户就黯然离去,不能不说是一种遗憾,而顾客拒绝的情况是可以改变的,你应该抓住每一次推销的机会。也许在客户说"不"的背后,蕴藏着巨大的商机。要在客户的拒绝中学会推销,这才是一个优秀的推销员所必备的品质。

推销员语录

客户拒绝推销,切勿泄气,要进一步努力说服客户,并设法找出客户拒绝的原因,再对症下药。

07 积极面对
　　客户的拒绝

推销员所要面对的拒绝是经常性的，这需要每一位从业人员拥有积极的心态。如果推销员的心态是积极的，那么整个推销过程就会充满了阳光，而最后也能取得令人满意的结果；反之，如果推销员的心态是消极的，那么推销过程无疑就是一种煎熬，最后的结果肯定也是糟糕透顶。因此，无论面对何种客户，无论客户的拒绝多么让人难堪，你都要用积极的心态去面对，因为成功可能就在某个"拐角"处等着你。这也就是说，只要你坚持，最终会大获成功，赢得客户的支持。

小李是一家公司的推销员，是个很有能力的人，也一直为销售经理所看好，在过去的日子里，他的业绩早已证明了一切，而且他也是个很讨人喜欢的小伙子。然而不知怎么回事，近几个月小李总是业绩平平，甚至还有些倒退。

销售经理对此也十分苦恼，他想尽一切办法让小李重拾往日的信心，他对小李的工作作了认真的分析，对他进行鼓励，但一切都没有改观，小李的业

第五章
真正的推销从拒绝开始

绩还是没有得到提高。最后,销售经理不得不对他下了最后通牒:"我这里有10个客户,你至少要完成3笔交易,否则你就另谋高就。"上午十一点半,销售经理将他叫到了办公室,对他说:"小李,今天下午我放你假。但是你要记住,到家以后,不要去做平时要做的事,出去四处走走,彻底将自己放松一下,然后,就一遍遍对自己说:'明天我一定能谈成一笔生意,明天我一定能……'甚至吃晚饭的时候,洗澡的时候,也要一遍遍对自己说,不要看电视,多散一会儿步,不断地重复这句话,直到脑子里一片空白。"

"晚上不要看书,早点上床,不断对自己重复,'明天我一定能谈成一笔生意,明天我一定能……'不断地说,直到你入睡。当然,这句话你要充满感情地说,充满信心地说。"小李明白这是一种心理暗示,一开始,他怀疑这样做是否会见效,不过,那天下午和晚上,他还是按照销售经理的话做了。

第二天,当他第一次谈业务时,他的客户一点也不积极,甚至带有几分消极和拒绝的姿态。对此，小李一点也不觉得奇怪——他的疑虑得到了证实，这方法看来不见效。

尽管客户不配合，但小李并没有就此而罢手，他还是耐心地与客户进行交涉。接着，发生了一种奇怪的现象。虽然客户的嘴上尽说着些不太合作的话，但精明的小李却看出了他已经露出了一点积极的姿态和想购买的愿望。小李的潜意识被调动起来了，他下意识地对自己说："不要放弃，再坚持一下，也许你今天就能做成一笔买卖。"小李甚至有点兴奋，两个月来，他第一次主动寻找和倾听积极的回应。

结果，小李如愿以偿地做成了这笔买卖。之后，小李又找回了积极的状态，成为一名优秀的推销员了。

后来，小李还根据自己的销售经验作了几点总结，并且一直坚持下去，那就是：每天早起床，做几次深呼吸，给自己鼓鼓气，不断对自己说，我一定行；没有我办不到的事；告诉自己客户也是有感情的，不信你推销的话不令他心动；即使失败，也是情理之中的事情，千万不要气馁。

实践证明，一个人成功的体验越多，就越容易成功。一旦你成功地完成了一次推销，就会感觉自己像个赢家，也会因此更有动力，从而卖出更多的产品或服务。于是，你就能进入一个良性循环。在生意以外的活动中，你的行动能力和绩效水平也会提高。

美国推销员协会曾经做过一次调查研究，结果发现：80%销售成功的个案，是推销员连续5次以上的拜访达成的；48%的推销员经常在第1次拜访之后，便放弃了继续推销的意志；25%的推销员，拜访了2次之后也打了退堂鼓；12%的推销员，拜访了3次之后，也退却了；5%的推销员，拜访了4次之后放弃了；仅有1%的推销员锲而不舍，一而再、再而三地继续登门拜访，结果他们的业绩占了全部销售的80%。

顶级推销员都不怕拒绝，因为他们有强烈的自信心和自我意识，当有

第五章
真正的推销从拒绝开始

人对他们说"不"时,他们绝不会因此感到受伤或气馁,他们反而会越挫越勇。

在实际推销工作中,当有客户对你说"不"时,实际上,他只是对你的产品或服务的介绍或价格说"不"。因此,你要理智地看待客户的拒绝,把主要的精力放在如何满足客户的真正需求上。

作为推销员,你前进路上的最大障碍有两类恐惧:一类是对于失败或损失的恐惧;另一类是对于批评或拒绝的恐惧。如果你调整心态,正确对待,这两类恐惧都是可以克服的。

好莱坞著名演员葛莱恩·福特曾经说过:"如果你不去做你所畏惧的事情,那么恐惧将会左右你的人生。"

爱默生说:"去行动吧,你将会拥有一股神奇的力量。"

作为推销员,一定要有积极的心态,要相信自己是个胜利者,这样,面对拒绝时你才能更沉着冷静,找到客户的真正需求,从而向成功的目标前进。

推销员语录

选择的道路充满机遇,也有辛酸与绝望,失败的同伴数不胜数,叠在一起,比金字塔还高。

08 给顾客
　　一个购买的理由

　　有的推销员认为，顾客说了"不需要"，那也就没有必要再去做劝说工作，这样想就错了。很多人都有过这样的经历：本来顾客没有打算要买的东西，却在推销员的解说和演示下情不自禁买了很多。

　　没有人会买一个自己不需要的东西，他们之所以购买你的产品，肯定有购买的理由。一个推销员一定要让你的客户明白你所推销的产品会带给他什么用途，即你必须明确地告诉客户：购买产品的理由。

　　有人说，顾客购买任何产品都不过是购买由产品带来的某种感觉，而不仅仅是纯粹的产品功能。在行销行业中，谁给顾客一个足以打动其心灵的理由，谁就获得了成功。

　　美国一位销售专家对"销售"做了一个精彩的定义：销售是管理顾客购买的行为。销售要把产品卖出去的关键，不是你如何去叫卖，而是如何刺激顾客来买。每一位顾客在掏钱之前，都想弄明白一个问题：我为什么要买？这时，销售人员就必须给顾客一个买的理由。只要你找到的理由充分，富有诱惑力，

第五章
真正的推销从拒绝开始

垃圾也会卖个高价。

人们经常会希望自己有一些额外的收获。在推销过程中,你可以利用这一心理,使用一种诱导物。

喜欢牧羊犬的凯文是一名售楼先生,他常常在出售房屋时带着他的小狗。有一天,凯文碰见了一对中年夫妇,他们正在考虑购买一栋价值24.8万美元的房子。他们喜欢那栋房子及周围的风景,但是价格却太高了,这对夫妇不打算出那么多的钱。此外,也有一些方面——如房间的设计、洗手间的空间等,令他们不是十分满意。

凯文几乎要放弃了,因为销售成功的希望很渺茫,正当那对夫妇打算告别时,那位太太看见了那只小狗,并问:"这只狗会包括在房子里吗?"凯文听

到这话明白了，立即回答："当然了。没有这么可爱的小狗的房子怎么能算完整呢？"

这位太太说他们最好是买。丈夫看见妻子这么喜欢，也就表示同意了，于是这笔交易就达成了。这栋价值24.8万美元的房子的特殊诱导物竟是一只小牧羊犬。

凯文用不同的诱导物——樱桃树或草坪进行试验，来同竞争者的优惠卡相比较。这些诱导物实际上并不值钱，却胜过现实的优点。你怎么都不会想到一只温驯的、会摇尾巴的小狗会促成24.8万美元的一笔大交易。

除了提供额外价值外，还要充分利用客户好奇的心理。

夏末秋初，美国西雅图的一家百货商店积压了一批衬衫。这一天，老板正在散步，看见一家水果摊前写着"每人限购1000克"，过路的人争相购买。商店老板由此受到启发，回到店里，让店员在门前的广告牌上写上"本店售时尚衬衫，每人限购一件"，并交代店员，凡购两件以上的，必须经理批准。第二天，过路人纷纷进店抢购，上办公室找经理特批超购的大有人在，于是店里积压的衬衫销售一空。

另外，有时顾客没打算买你的产品，于是很无所谓地告诉了你。那么你一定要想办法把话题转移到产品的介绍和展示上来，让他意识到缺少了这个产品的确有些不方便，或者是对现在所使用的东西感到不满意，强调产品为顾客带来的好处，有效地应对了顾客的拒绝。

给顾客一个购买的理由，才能把产品更多、更快、更有效地卖给顾客。但要想给顾客一个正中下怀的购买理由需要以了解顾客的需求为前提。因为向对方推销他们所需要的东西，往往要比说服对方来购买一个不需要的东西容易得多。

第五章
真正的推销从拒绝开始

> **推销员语录**
>
> 推销员应该研究自己的洞察力，判断别人性格的能力。应该把研究别人和研究激励他们的动机作为重要的事情。

09 恰当地处理客户的抱怨

抱怨是每个推销人员都会遇到的，即使你的产品再好，也会受到爱挑剔客户的抱怨。不要粗鲁地对待客户的抱怨，其实这种人也许正是你永久的买主。

客户产生抱怨有三种可能：因为性格而引起的抱怨；因为心情不好而引起的抱怨；因为产品问题引起的抱怨。

有一些客户因性格原因，在购买东西时最爱抱怨，即使推销员真心为他服务，他也不领情，仍然是挑三拣四、说东道西。

如果客户心情不好时去购物，也容易产生抱怨。

如果是因产品问题引起客户的抱怨，那么推销员就要注意了。如果客户的抱怨是合情合理的，你必须接受并重视，及时予以处理。

不管是哪种情况，推销员对客户的抱怨都要有足够的耐心，松下幸之助说："客户的批评意见应视为神圣的语言，任何批评意见都应乐于接受。"恰当地

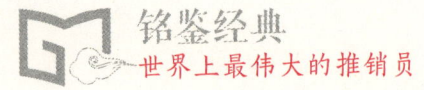

处理客户的抱怨具有吸引客户的价值。

以宽宏大量的态度处理客户的抱怨，对推销员来说非常重要。如果推销员的态度非常诚恳，能够虚心接受客户提出的意见，那么他一般不会撤销合同，还可能继续订货，这样不但没有失去客户，还可以开拓新的交易，从而助你的推销事业更上一层楼。

约瑟夫·艾利森是威斯汀豪斯电器公司的推销员，他费了很大劲才向一家大工厂销售了几台发动机。

3个星期后，他再度前往那家工厂推销，本以为对方会再向他购买几百台的。不料，那位总工程师一见到他，就对他说："艾利森，我不能再从你那儿买发动机了，因为你们公司的发动机太不理想！"

艾利森惊讶地问："为什么？"

"因为你们的发动机工作起来温度太高了，烫得连手都不能碰一下。"

艾利森知道同对方争辩没有任何益处，于是他连忙说："史宾斯先生，我

第五章
真正的推销从拒绝开始

完全同意您的意见，如果发动机温度过高，应该退货，是吗？"

"是的。"总工程师答道。

"自然，发动机是发热的，但您当然不希望它的热度超过全国电工协会规定的标准，不对吗？"

"对。"总工程师又答道。

"按照标准，发动机可以比室内温度高72华氏度在华氏温标中，水的冰点为32度，沸点为212度。对吧？"

"对。但你的产品却比这高出很多。"

艾利森没有争辩，只是问道："你们车间的温度是多少？"

"大约75华氏度。"

艾利森继续说："车间是75华氏度，加上应有的72华氏度，一共是147华氏度。您即使把手放在147华氏度的热水龙头上，也会感到烫手啊！"

总工程师不得不再一次点头称是。

"好了，以后您不要用手去摸发动机了。放心，那完全是正常的。"

结果，艾利森又做成了一笔生意。

艾利森后来对他的同行说："我花费了多年的工夫，在生意上损失了无数后才懂得，争辩是不行的。站在别人的角度看问题，想办法让别人讲出'对'，才能获得更多的好处，从而取得成功。"

面对客户的抱怨，首先不可以和他争辩，要诚心诚意来倾听。当然，为了处理上的方便，可以在听的时候记录下来。一定要向客户耐心解释，让抱怨者恢复冷静，才不会使抱怨继续扩大。

松下幸之助曾经这样告诫部属："客户肯上门投诉，其实对企业来说是一次难得的纠正自身失误的好机会……因此，对有抱怨的客户一定要以礼相待，耐心听取对方的意见，并尽量使他们满意而归。即使碰到爱挑剔的客户，也要婉转忍让，至少要在心理上给这样的客户一种如愿以偿的感觉。假若能使鸡蛋

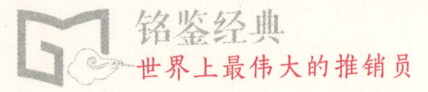

里面挑骨头的客户也满意而归,那么你将受益无穷,因为我相信他们中有人会给你做义务宣传员和义务推销员。"

听取客户的抱怨,必须冷静地分析事态发生的原因。但即使是因客户本身错误而发生的不满,在开始时也要一定先向他道歉,就算自己有理由也不可以立即反驳,否则只会增加更多的麻烦。最好是在处理时边道歉、边用应对法使对方理解。

总之,推销员在推销过程中会遇到各种各样的问题,其中最令人感到棘手的就是客户产生的抱怨,推销员一定要认真对待,要本着培养客户而不是失去客户的原则进行处理,让客户得到情感的满足,从而认同你,并进一步认同你的产品。

推销员语录

客户的抱怨应当被视为神圣的语言,任何批评意见都应当乐于接受。

第六章
你也能成为推销赢家

　　推销是一种令人自我骄傲的职业,你脑海中只有一个念头:自己的产品或服务一定会得到顾客的青睐。在你成功地把自己推销给别人时,你必须首先100%地把自己推销给自己。你必须相信自己,对自己充满信心。只要你掌握了一定的推销技巧,那么,你也能成为一个推销赢家。

01 一个好的开场白至关重要

推销员在向客户推销商品时,一个有创意的开头十分重要。好的开始是成功的一半,而好的开场白能打破顾客对你的戒备心理,所以,设计好开场白至关重要。

有许多推销实例证明,推销员对自己的开场白处理得够不够理想,几乎可以决定一次推销访问的成败。比如人们习惯用的一些与推销无关的开场白,"很抱歉,打搅您了,我……""哟,几日不见,您又发福啦!""您早呀,大清早到哪儿去呀?""您不想买些什么回去吗?"顾客在聆听第一句话时集中注意力而获得的只是一些杂乱琐碎的信息刺激,一旦开局失利,以下展开推销活动必然会困难重重。

在见到客户的一瞬间,推销员所说的头一句话,是否能让对方一直听到最后一句,决定于客户对推销员有没有产生好感。我们虽说要在开始 30 秒之内把握住客户的心,其实这个时间越短越有利。

所以,开场白要有创意。预先准备充分,有好的剧本,才会有完美的表现。

第六章
你也能成为推销赢家

可以谈谈客户感兴趣和所关心的话题,投其所好。欣赏别人就是恭敬自己,客户才会喜欢你,"心美"看什么都顺眼,客户才会接纳你。

原一平有一次去拜访一家商店的老板。

"先生,你好!"

"你是谁呀?"

"我是明治保险公司的原一平,今天我刚到贵地,有几件事想请教你这位远近闻名的老板。"

"什么?远近闻名的老板?"

"是啊,根据我调查的结果,大家都说这个问题最好请教你。"

"哦!大家都在说我啊!真不敢当,到底是什么问题呢?"

"实不相瞒,是……"

"站着谈不方便,请进来吧!"

就这样，原一平轻而易举地过了第一关，也取得了准客户的信任和好感。

原一平认为，这种以赞美对方开始访谈的方法尤其适用于商店铺面。

那么，究竟要请教什么问题呢？

一般可以请教商品的优劣、市场现况和制造方法等。

对于商店老板而言，有人诚恳求教，大都会热心接待，会乐意告诉你他的生意经和成长史。而这些宝贵的经验，也正是推销员需要学习的。

这种方法既可以拉近彼此的关系，又可以提升自己，何乐而不为呢？

有时候恭维别人应是一种美德，但不要说那些不是出于内心的话。只要用词得体或是发自内心深处的由衷之言，对方一定会非常高兴的。

开头开得好，一是创造了良好的推销气氛，二是引起了对方的兴趣，三是做好了交谈的准备，此时进入正题，有利于推销顺利进行，取得比较圆满的结局。但使用开场白技巧时应注意以下几点：

1. 在拜访前要先准备好相关的题材及幽默有趣的话题。

2. 讲开场白前，你可以和客户稍作闲谈，以营造自然开放的气氛。但不要闲谈过久，浪费了拜访的时间。

3. 你可以利用某些可以引起客户兴趣的话题引出开场白的陈述。

4. 除了询问客户是否接受你所提出议程外，你还可以请客户在议程内加进一些项目。

5. 如果客户会见你的理由和你原先所构想的不尽相同，你应更改议程。

万事开头难，做推销更是如此。但是，作为一个职业推销员绝不能因此而放弃努力，应该在面对客户之前，做好充分的准备，设计一个好的开场白。

> **推销员语录**
>
> 事先写出自己所要提出的每点意见，以合乎逻辑的顺序表达出来：言简意赅，抓住重点。

02 拜访前做好积极的准备

乔·吉拉德说过："如果让我说出我发展生意的最好办法，那么，我这个工具箱里的东西可能会让你吃惊，我会随时为销售做好各种准备工作。"顶级推销员在拜访任何一位客户之前，都会从头到尾做好积极的准备。他们会阅读有关潜在客户的介绍和信息，研究以往的拜访记录，为这次拜访提供思路和方法，所以他们在与潜在客户交谈的时候，会让客户感到有一种似曾相识的感觉。

失败的准备就是准备着失败，销售人员在拜访客户之前，就要为成功奠定良好的基础。如果你没有准备，就会让客户感到不快，因为这表示你对他们不够尊重。所以，千万不要让这种情况发生在你身上。

尤其是第一次拜访对推销员来说更是一种挑战。由于之前根本没有接触过，不了解你要拜访的客户到底是怎样的一个人，他喜欢什么样的谈话方式，

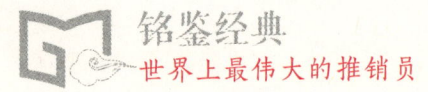

他喜欢和什么样的人接触等,但是虽然不了解他,我们也要对自己做好准备,比如仪表等方面,绝对不打无准备之仗,所谓有备无患就是这个道理。

一个优秀的推销员要在推销之前问自己三个问题:一是自己的产品与现有其他产品的关系如何?二是怎样让自己的产品更出众?三是产品的寿命周期对自己的计划有什么影响?把这些情况都了然于胸,你才能自信地走出家门去见你的客户。

推销员准备工作做得好,可以让客户感到推销人员的诚意,可以帮助推销人员树立良好的洽谈对象,形成友好、和谐、宽松的洽谈气氛。

优秀的推销员总是能让客户感觉到他们时刻都在为自己的利益考虑。主要有这样几个原因:首先是他们对公司、自己以及自己的产品或服务充满了自信;其次是他们能在与客户交流的很短时间内确立自己的"专业地位",让客户感觉到他们的确很懂行,由此信任感得到增强,也就营造了一个轻松和谐的访谈氛围;再次是他们确实是真心地为客户利益着想,让客户体会到他们真诚的服务,而不是单纯意义上的把产品卖给他。

乔·吉拉德说:"不论你推销的是什么东西,最有效的办法就是让顾客相信——真心相信——你喜欢他、关心他。"如果客户对你抱有好感,你成交的希望就增加了。要使客户相信你喜欢他、关心他,那你就必须了解客户,尽可能多地收集客户的各种有关资料。

前期准备工作做得越充分,你就越能掌握主动权,当你坐下来和客户交谈时,你的发言就会显得睿智,让客户产生敬佩感。如果你的话能正中客户的心,还能让他觉得舒适愉悦。

因此,对于推销员来说,如果信息尚未准备充分的话,那么就不要行动。没有什么比"你们公司是做什么的"这样的问题显得更愚蠢的了,它会在瞬间瓦解客户对你的信任。

推销员在每次拜访前都必须有一个明确的目标。推销人员是为实现目标而

第六章
你也能成为推销赢家

工作。推销的准则就是：制定销售计划，然后按照计划去销售。推销人员每次拜访客户，都要明白，自己拜访客户的目标是什么？如何去做，才能实现目标？

在前一阶段，你已经了解了客户的需求，而你也清楚你的产品恰恰能满足他的这种需求。这时候，你的目标就是如何才能把这个客户变成准客户，同时，你要设定拜访的天数或者次数，以及每次拜访所要做的最主要的能推动客户签约的情节。

注意，目标要合适而且准确。太高，会让你产生沮丧感；太低，对你的激励作用不大，也就没有什么实际意义。目标也不能多，否则会让你无所适从，这一点显得更为重要。

业绩目标的实现能让人获得自我肯定，同时和收入之间存在着直接的关联。你做的每件增强自信心的事情，如积极的自我对话、积极的目标定位、对未来充满乐观的憧憬、对自身进行有效的激励等，都会改善你的销售业绩，获得事业的成功感。

拜访前你要对各个细节进行全面的思考，认真计划，可以将你想要表达的主要内容记录下来，以便在和客户交流的时候，能把主要的问题都提出来。客户们都喜欢那些精心准备了书面提纲的拜访者，这也是让他们感到自己受到尊重的一种方式。

顶级推销员都在拜访客户之前准备一个"问题安排"，依照从全面到具体的顺序，将所要问的问题列在一张清单上，并在这些问题之间留有空隙，以方便做笔记。

做好拜访前的准备，这样可以让我们更自信。如果你每天肯花一点时间来了解自己的顾客，做好准备，铺平道路，那么你就不愁没有自己的顾客。

总之，拜访前的充分准备，能提高你在客户心中的定位，让他认为你是一个对他很关心的人，是为他解决问题的专家，而非一名销售人员。

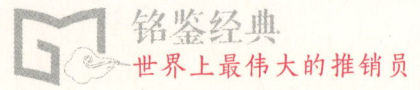

推销员语录

无论你能否得到订单,都要给你的潜在客户留下一个美好的印象,以便他对你有一个长久的回忆。

03 思考必须存在于推销之中

有一个销售安全玻璃的推销员,他的业绩一直都维持在整个区域的第一名,在一次顶尖推销员的颁奖大会上,主持人说:"你有什么独特的方法来让你的业绩维持顶尖呢?"他说:"每当我去拜访一个客户的时候,我的皮箱里面总是放了许多截成15厘米见方的安全玻璃,我随身也带着一个铁锤子,每当我到客户那里后我会问他:'你相不相信安全玻璃?'当客户说不相信的时候,我就把玻璃放在他们面前,拿锤子往玻璃上一敲,而每当这时候,许多的客户都会因此而吓一跳,同时他们会发现玻璃真的没有碎裂开来。然后客户就会说:'天哪,真不敢相信'。这时候我就问他们:'你想买多少?'直接进行缔结成交的步骤,而整个过程花费的时间还不到1分钟。"当他讲完这个故事不久,几乎所有销售安全玻璃的推销员出去拜访客户的时候,都会随身携带安全玻璃样品以及一个小锤子。

第六章
你也能成为推销赢家

　　但经过一段时间,他们发现这个推销员的业绩仍然维持第一名,他们觉得很奇怪。在另一次颁奖大会上,主持人又问他:"我们现在也已经做了同你一样的事情了,那么为什么你的业绩仍然能维持第一呢?"他笑一笑说:"我的秘诀很简单,我早就知道当我上次说完这个点子之后,你们会很快地模仿,所以自那以后我到客户那里,唯一所做的事情是我把玻璃放在他们的桌上,问他们:'你相信安全玻璃吗?'当他们说不相信的时候,我把玻璃放到他们的面前,把锤子交给他们,让他们自己来砸这块玻璃。"这就是吸引客户的注意力的方法,不断根据情况,出新招、出奇招。

　　随着时代的变迁,推销技巧也在日新月异地进步,加上生活习惯与人际关系的不断变化,推销技巧和推销观念也要随着时代的改变而修正,否则,就有被淘汰的危险。

　　所以,我们要不断地学习与创新,但是,在学习新的推销技巧时,一定要细心地思考这些技巧是否可以适用于自己的推销个性与推销的商品。当我们看到一些优秀的推销员们展现惊人的说服魅力与推销技巧时,也许感到十分赞叹,

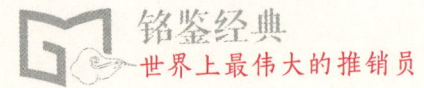

其实外来的和尚不一定会念经,别人的经验和技巧只能供我们参考对照与融合使用,而不能完全照搬照抄。

因此,学习一定要先融会贯通,将所学到的东西存入到自己的思考模式中,用智慧去分析各种方法与步骤是否可行,用经验来分析实际运用产生的结果是否管用,并且必须全盘掌控可变与不可变的因素而将其去伪存真,寻找出一套真正适合自己的销售模式,这才是学习的真正内涵。倘若只是囫囵吞枣地照抄,到最后很可能会出现推销失败的情形。况且,纵使学习他人有效的推销技巧也需要学得专、精才行,否则只是学会皮毛之术或只是一知半解,将来运用起来就会不伦不类。要知道:所谓专家一定是对某一问题研究得十分透彻的人,深度研究是学习专、精的手段,所以,请记住:在推销之中必须学会思考。

推销员语录

改善命运航道的力量就是思考,思考就是任何成功的第一个原因。

第六章
你也能成为推销赢家

04 推销中
　　不可缺少心理战术

　　推销是一种针对客户心理进行说明的艺术，不同的人有不同的购买心理。揣摩顾客的购买心理，运用适当的对策，自然向推销成功迈进了一步。

　　作为一名优秀的推销员，不仅要掌握一定的推销技巧，更要学会使用心理战术，采取灵活的推销策略，用自己的真心、诚心、耐心来捕捉客户的心理变化，化解客户的心理抵触，使交易顺利达成。

　　推销心理战术运用得是否得当，是交易能否成功的关键。这种战术是达成交易的基本方法。

　　心理战术是推销员面对顾客时所产生的一种敏锐反应，但其先决条件是你必须先控制自己的情感。应用心理战术，判断出顾客的类型及其个性、喜好等个人因素，然后再选择合适的推销战术进行推销。但是，这样做有一个前提是，推销员对其产品或服务的特性应有详细的了解，如此才能让顾客满意地接受。

　　一次，原一平要去拜访一位十分傲慢难缠的总经理，此前已经有好多业务

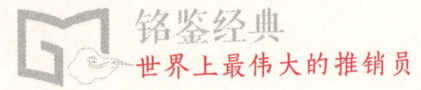

员碰壁而归。

不见不知道,那总经理的确傲慢得很。明明看到原一平进了他的办公室,却装作没有看到,连头都不抬,依旧低着头忙自己的事情。过了好半天才漫不经心地抬起头扫了一眼原一平,然后又继续自顾自地忙着。

原一平心想:还真没有见过这么傲慢无礼的人。要是在过去他肯定会转身离开的。不过事前已有心理准备,所以原一平对这种无礼故作不知,然后大声说道:"总经理您好,我是明治保险公司的原一平。我看您今天很忙,那我就改日再来拜访您!"说完,原一平转身就走。

总经理一脸惊愕:"你这个人怎么回事,怎么刚来就走?难道就是来跟我打招呼的吗?"

第六章
你也能成为推销赢家

这时,原一平才不紧不慢地回转身来说道:"我刚才来时就听秘书小姐说总经理您很忙,我还不相信,就想进来确认一下。这一看才知道秘书小姐并没有骗我。您的确很忙,所以我就不多耽搁您的时间了,咱们下次再见。"没容那位总经理继续答话,原一平已经出了总经理办公室。

又过了三五日,当原一平再次登门造访这位傲慢的总经理时,他的态度跟前一次简直就是天壤之别,对原一平相当热情:"你又来了。上次为什么刚一来就匆匆走人了呢?你这家伙真够怪的!"

"上次打扰您了,真是不好意思。"原一平回答道。

"快请坐,快请坐,不要客气了。请喝茶……"

离开时,原一平手里已经握有一张大额保单。

原一平巧妙地运用了欲擒故纵的心理战术,啃下了总经理这块貌似强硬的"骨头"。

客户的心理虽然有机可循,到那时推销员也要认真观察、仔细把握,才能找出合适的推销技巧。

运用心理战术有一个误区就是不仔细识别顾客的心理特点,对牛弹琴。当顾客一进入你的视线,你就应当根据他的年龄、衣着、行为举止以及职业等方面作出迅速判定,揣摩他的心理。比如,从职业方面看,企业家大多比较自负;经济管理人士的头脑比较精明;而知识分子大多个性比较强……这些经验,都是需要推销员的细心观察才能得来的。

推销员的工作极具挑战性,要想获得成功,业绩少不了!而业绩的好坏很多时候并不在于你付出了多少时间和汗水,而在于你有没有花心思去琢磨客户的心思。只有准确地洞察客户的心理,抓住客户的需求,才能不断地提高推销的业绩,成为一名优秀的推销员。

在浩瀚的商战中,只有"知己知彼",才能"百战不殆"。一个推销员每天要应对形形色色的顾客,只有掌握了顾客的心理,恰当地运用一些心理战术,

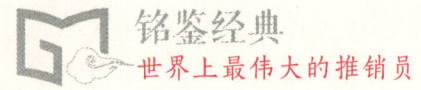

才能在推销中处处逢源，游刃有余。

推销员语录

应对疑似沉默的客户，推销员要学会研究他们的表情举止，捕获那些暗藏在他们形体语言中的信息。

05 争取并珍惜
　　与客户面对面的机会

想要与客户进行良好的交流，最好的沟通方式莫过于看着对方的眼睛。因此，努力争取与客户面对面的机会就显得非常重要了。

每个推销员都清楚，推销的最终目的在于激发顾客的购买欲望，促使顾客采取购买行动。而要达到这一目的，就必须获得与客户面对面的交流机会。

这是原一平通过电话约访电器公司总裁的过程。

"您好，A电器公司吧，请接I总经理。"

"请问您是……"

"我是原一平。"

"原先生请稍等一下。"

第六章
你也能成为推销赢家

在等待的时间里,原一平从话筒中听到对方忙碌的声音,生意似乎挺好的。

"我是I,请问您是……"

"I总经理您好,我是明治保险公司的原一平,今天冒昧地打电话给您,是因为我听说您正热心研究遗产税的问题,刚好我对遗产税这个问题下过一番功夫,所以很想跟您一起研究研究。"

"不错,我对遗产税的问题很感兴趣,不过,你是听谁说的啊?"

I总经理的声音充满惊异。

"我是从贵公司的客户G先生那边听来的。"

"G先生?"

I总经理似乎在想G先生是哪一位客户。

其实原一平根本不知道G先生是不是I公司的客户，他是一时胡诌的。不过，实在顾不了那么多了，目前最重要的是言归正传——遗产税问题。

"请问I总经理，您是否研究过宪法第29条所规定的财产权问题，还有民法第五篇的继承权问题呢？"

"法律方面的问题相当复杂，一般人都没时间去研究，不过若不先搞懂这些基本法令的话，往往会有意想不到的损失，所以要格外小心才是。"

说到这里，原一平停了下来，等待对方的反应。

"唔！您说得很有道理。"

听I先生的口气，已对原一平的谈话产生了浓厚的兴趣，只要顺水推舟就行了。

"所以我想跟您讨论一下这些基本法令的问题，进而研究一下与此相关的遗产税问题，不知您是否愿意见我一面呢？"

"关于遗产税的问题，我也下了一点功夫，不过约个时间听听您的高见也好。"

趁I总经理未改变主意之前，原一平赶紧约定见面的时间。他不卑不亢地说："到时我一定登门拜访，不过我的约会也很多，无法立刻去拜访您。我想请问一下，下个星期四或下个星期五，不知您哪一天方便呢？"

"唔……下星期五好啦！""几点钟呢？""上午9点到10点之间。""我确认一下，我们的约会是在下星期五的上午9点到10点之间，是吧？""好！我一定准时前往，谢谢！"推销就成了水到渠成的事情。

人与人交往，常常是意识与意识的反映。不是你影响他，就是他影响你，销售是社会中最常见的人际交往，一个推销员如果能影响他的客户，改变客户的初衷，那么这个推销员的推销就是成功的。

有一些推销人员，在赢得了面谈的机会之后就滔滔不绝地介绍自己的产品，或自己的价格政策，或对顾客的优惠措施，唯独不去思考、判断此刻顾客在考虑什么，他最关心的是什么。所以经常是在说了半天，最后被顾客不耐烦地一句"如果需要你的产品，我会跟你联系的，再见"而敷衍了事。

所以，在与客户进行面对面的交谈时，应尽量动员顾客开口说话，让顾客表达他的意图，以准确判断顾客的真正需要。

另外，面对面交流还能诱发顾客的购买动机。

心理学研究表明：购买行为受到购买动机的支配，而购买动机又源于人的需要。所谓满足需要，就是在了解顾客需求的基础上，帮助顾客解决问题。因此，诱发顾客的购买动机，也就是先了解顾客的需要，帮助顾客明确问题、思考问题，寻求解决问题的方案。

在交谈中，一方面，推销人员可以利用社会的健康合理的消费观念和消费风气，诱发顾客的购买动机，另一方面，也可以利用顾客的需要和面临的问题，说服顾客接受新观念，改变原有的消费习惯和态度，购买新产品。

有时候，你的客户可能非常忙，你可能通过打电话等方式进行约访。这时，你一定要告诉客户你的拜访会给他带来某种好处，你说的每一句话都要带给客户足够有用的信息，应该让他觉得有必要见你一面，这样，你的推销就成功了一半。

推销员语录

昨天，是张作废的机票；明天，是尚未兑现的期票；只有今天，才是现金，才有流通的价值。

06 精通你所销售的产品

乔·吉拉德说:"我们推销的产品就像武器,如果武器不好使,还没开始我们就已经输了一部分了。努力提高产品的质量,认真塑造产品的形象,培养自己和产品的感情,爱上推销的产品,我们的推销之路一定会顺利很多。"

推销员精通自己所销售的产品是十分重要的,只有熟知产品情况,才能把它推销给客户。

客户最希望销售人员能够提供有关产品的全套知识与信息,使自己完全了解产品的特征与效用。倘若销售人员一问三不知,很难在客户中建立信任感。因此,推销员不仅要熟悉产品实物的类型、功能、价格,还要对产品的使用说明了如指掌。这样推销员对顾客的疑问回答快速,能够顺利地介绍产品,会赢得顾客信任,从而促使销售成功。

赵明是某电脑公司的一名推销员,他向某报社的领导推销电脑时,很好地充当了顾问的角色。他不仅给客户提供设计方案所必需的资料和产品的技术细节，同时，还介绍了自己公司产品的设计理念，获得了客户的认同，并据此制订了采购计划。

赵明问报社领导："上次，您谈到电脑的性能可以满足 3～5 年的需求。这怎么理解呢？"

领导回答说："现在电脑产品更新速度很快，我们希望笔记本能够用得久一点儿。"

赵明点头表示同意，同时说道："确实是这样。我记得 3 年以前，电脑的主频只有两百多兆，现在的主频已经到了 1.8G，是以前的七八倍。您觉得电脑使用时间的主要瓶颈在哪里？或者说三五年以后，笔记本的哪些配置会成为使用的障碍？"

领导说："我想听听你在这方面的看法。"

赵明说："您看看我这 3 年用电脑的情况就知道了。3 年前，我的电脑是 PIII266MHz 的主频，64M 的内存，4.3GB 的硬盘和 15 寸的屏幕。3 年下来，我已经将硬盘升级到了 20G，内存升级到了 128M。屏幕技术发展比较稳定，没有必要升级。主板的设计造成 CPU 不能用市面上的 CPU 来升级。考虑到内存的升级最容易而且价格下降较多，内存现在只要够用就行了，以后可以很方便地升级。为了能够使您的电脑用得时间长一些，您应该在 CPU 的主板和硬盘方面的配置高一些，显示屏应该使用 17 寸的，这样在几年之内都会是顶级配置。"

领导询问说："你建议的配置呢？"

赵明以专业的角度分析道："现在生产的电脑 CPU 有三种，PIII850、PIII900 和 PIII950。PIII850 马上就要停产了。而且 Intel 的 CPU 最近会降价，我建议您采用 PIII950 的 CPU。记者所要存储的数据量很大，考虑到以后升级硬盘时要淘汰现有的硬盘，所以我建议您这次的硬盘配到 20G。内存使用 128 兆就可以了，屏幕选择 17 寸的屏幕。"

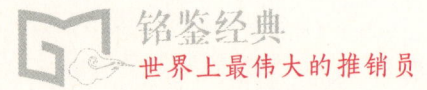

领导不禁点头称赞道:"有道理。"

精通自己所销售的产品不仅在客户问到时对答如流,在客户心中留下良好的印象,而且,还有以下几点好处:

第一,了解了产品知识可以增加我们的勇气。

许多刚刚走上工作岗位的推销人员,甚至已有多年经验的推销员,都会担心顾客提出他们不能回答的问题,而对产品知识知道得越多,工作时底气会越足。

第二,精通产品知识会使我们更像专家。

特别是在我们向一些采购人员、工程师、会计师及其他专业人员推销的时候,更能充分证明了解产品知识的必要。可口可乐公司曾询问过几个较大的客户,请他们列出优秀销售人员最杰出的素质。最多的回答是:"具有完备的产品知识。"

第三,精通产品知识可以增加你的竞争力。

对产品的知识懂得越多,就越会明白产品对使用者来说有什么好处,也就越能用有效的方式为顾客做说明。如果你能够把产品的种种好处陈述给顾客听,这时候,你便能无所畏惧。

但是有一点需要我们注意,推销员给客户推销的是产品或服务,产品是把推销员和客户联系在一起的纽带。而你要让客户购买你的产品或接受你的服务,首先你要对自己的产品或服务充满信心,否则就不能发现其优点,也就不能更好地向客户介绍,就不能找出理由来说服客户,也就很难打动客户的心,最终,整个推销活动就会以失败而告终。

由上面的分析,我们可以得出:要成为一个优秀的推销员,必须精通自己所销售的产品。它不仅要给予客户生理上的、物质上的满足,而且也包括心理上的、精神上的满足。作为一个推销员,必须满足顾客各方面的要求,只有这样,才能让自己的推销成功进行。

> **推销员语录**
>
> 销售人员打动客户的最有效的方法,就是对产品的特点和它能够带给人们的利益进行形象的描述。

07 重视细节制胜

成大业若烹小鲜,做大事重视细节。今天,大刀阔斧的竞争往往并不能做大市场,而在细节上的竞争却将永无止境。一点一滴的关爱,一丝一毫的服务,都将铸就用户对产品的信念,这就是细节的美,细节的魅力。细节在推销过程中,有时起着相当大的作用,抓住这样的细节,有助于推销成功。大凡成功的推销员都知道该如何从细微之处打动客户。

贝特格认识一位客户,她是一位老妇人。她对任何陌生人都持有戒心,之所以同意与贝特格见面,纯粹是因为她的律师做了引荐。

她一个人住,对任何一个她不认识的人都不放心。贝特格在路上时,给她家里打了一个电话,在抵达时又打了一个电话。她告诉贝特格律师还未到,不过她可以先和他谈谈。这是因为之前贝特格和她说了几次话,让她放松了下来。当这位律师到来时,他的出现已经变得无关紧要了。

贝特格第二次见到这位准客户时,发现她似乎正因为什么事情而心神不宁。原来，她申请了一部"急救电话"，这样当她有病时，就可以寻求到帮助。社会保障部门已经批准了她的申请，但一直没有安装。贝特格马上给社会保障部门打电话，当天下午就装好了这部"急救电话"，贝特格一直在她家里守候到整个事情完成。

从那时起，这位客户对贝特格言听计从——给予了他彻底的信任。因为贝特格看到了困扰她的真正事情。现在，她相信贝特格有能力满足她的需要。这个"额外"的帮忙好像使得贝特格的投资建议几乎变得多余。她很轻松地接受了他的建议，虽然那时她对此并无多大兴趣。

所以说，成大事需从点滴小事做起。贝特格曾说："信任有许多源头。有

第六章
你也能成为推销赢家

时候，它与赖以建立的物质基础和你的商业方面的建议没有任何关系，而是因为你——作为一名推销员做了一些额外的小事。恰恰是这点小事，却可以为你带来意想不到的收获。"成功的推销员，不应放过任何一个小细节，也不应放过任何一个可能购买的对象。

"成功应从细节做起"，这是一个合资企业的老板在给新员工开会时讲的第一句话。的确，在推销的过程中，也有一些推销员因为忽视了小小的细节，而导致了推销的失败。

尽管戴夫·多索尔森一向以创造性销售闻名，堪称足智多谋的销售高手，但是也有"马失前蹄"的时候，他曾经犯下一个令他自己都无法原谅的大错，这个错误让他失去了一笔600万美元的大生意。

凡是大生意或团队作战，戴夫·多索尔森总是要在拜访的前一天晚上和伙伴们在一起反复演练，直到认为万无一失为止。这次，经过前一天晚上的充分准备，戴夫·多索尔森满怀信心地和伙伴们一道来到客户的办公室。

一切都如预测的一样顺利，当戴夫·多索尔森向客户介绍收入预测时，他突然发现这些数据不是这个客户的，而是另一家公司的。可这份资料明明是自己亲自整理核对过的，怎么会出错？这究竟是怎么回事？

这时他才一下子想起来昨天晚上他们演练的时候用的不是这家公司的材料，而是上周向另一家公司进行销售时所用的材料。想到这里，戴夫·多索尔森再也没有信心继续侃侃而谈了，自觉脸上发烫，羞愧得恨不能立马找个地缝钻进去。

最后，连他们自己都不晓得是怎样走出客户的办公室的。事情的结果可想而知，由于一时的粗心大意，让他们最终失去了这笔600万美元的生意。

一个细节的失误，造成了前功尽弃，满盘皆输的结果。可见，细节在推销过程中的作用至关重要。任何一个细节都可能改变你的命运，所以，做好每一件小事，不忽视任何一个细节，这是一种工作态度，也是一种精神。

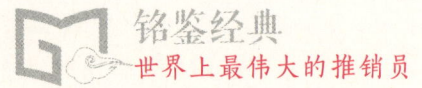

推销员语录

我们无法计算有多少客户是因为一点点小的过失而失去的——忘记回电话、约会迟到、没有说声谢谢、忘记履行对客户的承诺等。这些小事情正是一个成功的推销员与一个失败的推销员的差别。

08 正确对待竞争对手

我们拼命向前跑的原因，就是因为有竞争对手。不要仇恨他们，也不要指望他们自动消亡。对于竞争对手，要正确对待，研究他们，只有完全了解了他们，才会使我们更强大。托德·邓肯告诉我们，必须做好准备去对付竞争对手，如果没有这种思想准备，客户会以为你敌不过竞争对手。

对于推销员来说，竞争对手就是那些正在或企图从你手中抢走客户的人。一些推销人员把这些对手视为敌人。其实，大可不必如此，因为，战场上没有对手便没有英雄，而商场中没有对手便没有成就。

任何推销员在与自己的客户面谈时，客户都免不了会向你询问有关你竞争对手的一些情况，或者在你面前称赞你的竞争对手的产品或服务。这时，很多

第六章
你也能成为推销赢家

推销员听到这些话后情绪上会很别扭,有的会控制不住自己的情绪,开始宣扬对方产品不好。殊不知,这样的结果往往会适得其反,客户会因为你这一席话拂袖而去。

某企业的总经理正打算购买一辆汽车送给儿子作为高中毕业的礼物。萨布牌轿车的广告曾给他留下印象,于是他到一家专门销售这种汽车的商店去看货。而这里的推销员在整个介绍过程中总是在说他的车如何如何比"菲亚特"和"大众"强。

作为总经理的他觉得,在这位推销员的心目中,后两种汽车是最厉害的竞争对手,尽管总经理过去没有听说过那两种汽车,他还是决定最好先亲自去看一看再说。最后,他买了一辆"菲亚特"。

不贬低诽谤同行业的产品是推销员的一条铁的纪律。请记住:把别人的产品说得一无是处,绝不会给你自己的产品增加一点好处。

对于自己的竞争对手,托德·邓肯曾说过这样的话:

"我不相信单纯依靠推销术被动竞争能够做好生意,但我相信禁止我的推销员讨论竞争对手的情况是极大的错误。我过去太喜欢'埋头苦干',以至于对市场动向掌握甚少。现在我已要求手下的推销员只要在他们负责的区域发现一种竞争产品就立即给我送来。

"我的这种愿意研究他人产品的态度对手下人是一剂兴奋剂。它至少表明我不愿意在打瞌睡的时候被别人超过去:如果本行业已经纷纷扬扬地议论起新出现的竞争产品,而我仍然在睡大觉,推销员们势必会灰心丧气。"

"我坚决主张应当全面掌握竞争对手的情况。外出执行任务的推销员不断会听到关于他人产品优点和自己产品弱点的议论,因此必须经常把他们召回大本营,让他们从头至尾重新制订自己货品的推销计划。这样他们才不至于在推销工作中落入被动竞争的困境。"

所以,推销员应该经常将产品、价格、分销渠道和促销活动与竞争者进行比较，只有这样，才能清楚自己的优势和劣势，对竞争者发起更为准确的攻击，同时在受到攻击时也能进行有效的防御。

有一个汽车推销员走进一位客户的办公室，当他作完自我介绍后，对方说："什么？你们的车有什么好的！你就是白送给我，我也不要，我要的是陆路通公司的产品。"

听了对方的话，虽然这位推销员内心比较恼火，但他强忍着自己的怒气，没有立即反驳客户，更没有对陆路通汽车进行诋毁或污蔑，而是心平气和地对客户说："先生，陆路通公司的汽车是比较好，有很多优点，但是我们公司的汽车并不是像您所说的那样一无是处，我们的汽车有我们独到的优点，比如我们的刹车性能就是同行当中非常优秀的，而且我们的售后服务也是有口皆碑的。如果您已经订购了其他公司的产品，我就不再劝您另买我们的产品。但是请您不要诋毁我们的产品。"

听了他的解释，该客户最后向他订购了10辆汽车。如果该推销员在听到

第六章
你也能成为推销赢家

客户批评他们公司的产品后与客户大吵一架,或者大谈同行缺点,那么这笔生意肯定是做不成的。

毫无疑问,避免与竞争对手发生猛烈"冲撞"是明智的,但是,推销员如果主动攻击竞争对手,他将会给人留下这样一种印象:他一定是发现竞争对手非常厉害,觉得难以对付。由此客户还会推断:他对另一个公司的敌对情绪之所以这么大,那一定是因为他在该公司手里吃了大亏。那么,在你对你的竞争对手进行攻击时,你的可信度也开始在客户的心目中降低,你的言行非但没有让自己的生意做成,反而为你的竞争对手做了广告。

托德·邓肯讲过这样一件事:

"我在市场上招标,要购入一大批包装箱。收到两项投标,一个来自曾与我做过不少生意的公司,公司的推销员找上门来,问我还有哪家公司投标。我告诉他了,但没有暴露价格秘密。他马上说道:'噢,是啊,是啊,他们的推销员吉姆确实是个好人,但他能按照你的要求发货吗?他们工厂小,我对他的发货能力说不清楚。他能满足你的要求吗?你要知道,他对你们要装运的产品也缺乏起码的了解。'"

"应该承认,这种攻击还算是相当温和的,但它毕竟还是攻击。结果怎样?我听了这些话产生出一种强烈的好奇心,想去吉姆的工厂里面看看,并和吉姆聊聊,于是前去考察。他获得了订单,合同履行得也很出色。这个简单的例子说明,一个推销员也可以为竞争对手卖东西,因为他对别人进行了攻击,我才在好奇心的驱使下产生了亲自前去考察的念头,最后,造成了令攻击者大失所望的结局。"

当今市场,任何一个推销员要想没有竞争对手是不可能的。孙子兵法云:"知己知彼,百战不殆"。知晓、了解自己的竞争对手已成为每个推销员都应该极其重视的一件事。因为只有了解竞争对手才能在面对客户时回答他们的问题,才能更好地介绍自己的产品。

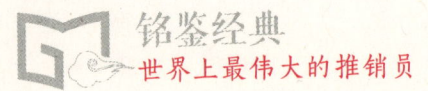

但对待我们的竞争对手的态度要正确，不把他们当敌人，不仇视他们，要知道，正是因为他们的存在，才让我们更有动力，充满斗志。

总之，面对竞争形势的日益激烈，一个优秀的推销员不会寻求恶语攻击对方而获得成功，相反他们总会从对手的身上获取经验找到奋斗的动力，和竞争对手共同成长。

推销员语录

对与公司产品有关的资料、说明书、广告等，均必须努力研讨、熟记，同时要收集竞争对手的广告、宣传资料、说明书等，加以研究、分析，以便做到知己知彼，如此才能真正知己知彼，采取相应对策。

09 做一个"心灵捕手"

"成功的推销员一定是一个伟大的心理学家。"这是推销行业的一句名言。实际上，每个推销人员从一开始找到客户直到完成交易，他所需要的不仅仅是细致的安排和周密的计划，更需要和客户进行心理上的交战。

第六章
你也能成为推销赢家

能捕捉到对方的心理变化,对于推销员来说很重要,因为这意味着自己占据着主动权,可以根据客户的内心变化而使用不同的技巧,或激发客户的兴趣,或刺激客户,使他们产生购买欲望。

有一对从农村来的小夫妻,他们在县城的南大街开了家小吃店,主要是做包子、馒头之类的食物。开张这天,小两口儿把店面打扫得干净整齐,蒸出来的包子馒头也很好吃,开张仪式也搞得像模像样。可是,就是没有一个人前来购买。面对着雪白喷香的包子馒头,夫妻俩发起了愁。因为做生意都讲究开业大吉,可开张当天却一个顾客也没有,以后怎么办呢?

就在夫妻俩坐立不安的时候,从远处走来了一个小伙子,他正向小吃店慢慢走来。夫妻俩见来了位顾客,就起身相迎道:"你是我们开张以来的第一位顾客,为图个吉利,你今天的餐费免了。"

小伙子也没说话，坐下来就吃了起来。吃饱后起身付钱要走，夫妻俩死活不收，弄得小伙子有点不好意思。最后小伙子见店里特别冷清，便对夫妻俩说："既然你们不要我的饭钱，那我给你们出个主意，让你们的餐馆火起来。"夫妻俩自然很高兴，便问是什么主意。

小伙子说，你给我准备一张纸和一支笔，我给你们写份广告，保证你生意兴隆。夫妻俩狐疑地看着小伙子，但还是准备了纸笔。

小伙子拿着笔刷刷几笔便写好了广告，然后递给夫妻俩并嘱咐他们将广告贴在店门口。就在小伙子走后不久，店里的顾客一个接一个来了。还不到一个小时，堆积如山的包子就被顾客买得一干二净。

夫妻俩贴完广告未来得及看便回店干活，所以还不知道广告内容。此时夫妻俩卖完了包子，心想是什么广告能吸引这么多人前来购买呢？就好奇地来到门口。夫妻俩一读，便一同笑了起来。原来广告上写道：本店开张，由于昨夜匆忙，老板娘在和面的时候不慎将一枚24K金戒指揉进了面团里，如果顾客吃进肚子造成事故，本店负责承担一切费用；如果哪位顾客发现了戒指，没有食下，此枚戒指我们权当礼物相送，不必归还。特此公告。

在这个故事中，小伙子抓住了人们贪心的心理，从而帮助店主轻松地把包子销售了出去。

原一平曾经拜访过一位刚正而固执的退役军人。原一平刚说了一句："保险是必需品，人人不可缺少。"军人立刻反驳："年轻人的确需要保险，我就不同了，不但老了，还没有子女，所以不需要保险。"

"您这种观念有偏差。就是因为您没有子女，我才热心地劝您参加保险。"原一平一语惊人。

"？"军人用手在空中比画了一个问号。

原一平故意不语，军人说："哼，要是你能说出令我信服的理由，我就投保。"

第六章
你也能成为推销赢家

原一平听到这里笑了,他故意压低音调说:"我常听人说,为人妻者,没有子女承欢膝下,乃人生最寂寞之事。可是,单单责怪妻子不能生育,这是不公平的,既然是夫妻,理应由两个人一起负责,所以,当丈夫的,应当好好善待妻子才对。"

军人一副不以为然的神色,原一平接着说:"如果有儿女的话,即使丈夫去世,儿女还能安慰伤心的母亲,并担起抚养的责任。而无儿无女的妇人,依靠的通常是丈夫,一旦丈夫去世,她的余生就会与不安及忧愁相伴。您刚刚说没有子女所以不用投保,如果您有个万一,请问尊夫人怎么办?您赞成年轻人投保,其实年轻的寡妇还有再嫁的机会,年老的人情形就不同喽。"

军人沉思了一会儿,点点头说:"你讲得有道理,好!我投保。"

利用客户心理进行推销是一项高超的技术。但这绝不意味着利用小聪明耍弄客户。如果缺乏为客户服务的诚意,很容易被客户识破,到头来"机关算尽太聪明,反误了卿卿性命",推销人员的信用等级就可能降为零。

作为推销员,必须要先读懂客户的心理,并对客户进行肯定和鼓励,形成一个良好的沟通氛围,然后才能消除客户的抵触情绪,并最终与你成交。

如何捕捉客户的心理表面上看是一件很难的事情,但实际上也并非如此。客户的拒绝有时候看起来天衣无缝,但是却不是无懈可击。只要你能够发现他话中的漏洞,找准切入点,那么就能用他自己的话来击败他的意志力,最终让他作出购买决定。

美国一项调查表明,通常那些超级推销员的业绩是一般推销员的300倍。在众多的企业中,80%的业绩是由20%的推销员创造出来的,而这20%的人并不一定都是能言善辩,但他们都有迈向成功的方法,尽管这些方法不可能完全相同,但有其共同之处,那就是洞悉客户的心理。

对于推销员来说,促成最终的销售是真正的目的,虽然客户的购买初衷可

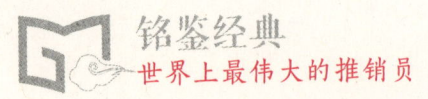

能与自己的产品或者服务有些许出入,但使用巧妙的方法,就可以引导客户,让其改变初衷。所以说,作为一个推销员,只有掌握了客户的心理,才能在迅速变化的市场中占有一席之地。

推销的理想结果就是双赢——客户买到了满意的产品,推销员得到满意的佣金,这样的生意才能做得长久。

推销员语录

必须能探测顾客的心理,然后将之归纳为各种类型,再针对各种类型的特点,选择适当的推销方法和技巧。

10 善于倾听 更受客户的欢迎

美国著名的专栏作家陶乐斯·狄克斯说过这样一段话:"受人欢迎的捷径在于都倾听、少说话。"如果别人有满腹的话想对你倾诉,怎会有兴趣听你发表高论。如果你想做个富有魅力、受人欢迎的人,你就要学会倾听。

当一个人专注对方说话,非常留意且欣赏他的谈话内容时,会使对方感觉受到尊敬,所以,话匣子一旦被打开就往往一发不可收拾,这时候,认真倾听

第六章
你也能成为推销赢家

者就会给对方留下一个好的印象。自然地，推销也就水到渠成。

保险推销大师弗兰克在推销的时候，善于做别人的听众。有一次，他打电话给费城牛奶公司的总裁。因为那个总裁以前跟弗兰克做过一笔小生意，而且很成功。由于对弗兰克的印象很好，所以很愿意见到弗兰克。弗兰克刚在他面前坐下，他说："弗兰克，说说你的巡回讲演吧，一定很精彩吧？"

"完全可以，"弗兰克肯定地说，"不过我更想知道您的近况。您现在忙什么呢？生意还顺利吧？"

"托上帝的福，还可以。"接着，总裁便和弗兰克谈起了他的生意。并渐渐地由生意谈到家庭，在谈及家庭的时候，总裁向弗兰克谈起了前一天晚上与妻子和朋友们玩一种新的纸牌游戏时的情形。弗兰克以前从没听说过这种游戏，因此也十分感兴趣。总裁谈纸牌游戏谈得很起劲，到最后弗兰克也没有谈他巡回讲演的事。

后来，当弗兰克起身告辞的时候，总裁忽然叫住他说："弗兰克，我们公司打算为工厂管理人员投保，你说28000美元够不够？"

倾听是推销员必须学会的技巧，善于倾听是一种高雅的素养。因为认真倾听别人的讲话，表现了对说话者的尊重，人们往往会把忠实的听众视作完全可以信赖的知己。倾听是有目的听觉，这是一个相当积极的过程，人们必须专心倾听说话者所说的内容。在同一个时间内，我们可以听到许多声音，但是，我们会有目的、有选择地听某种特定的声音。专业推销员应该运用倾听和提问技巧，与客户之间建立平等的双向互动的交流，并且通过介绍产品或服务，找出帮助客户完成购买的心愿、满足需要、解决问题或实现愿望的方法。虽然能言善辩是一位优秀推销员必须具备的重要能力之一，但是，成功的推销员不仅仅是一位口齿伶俐的说客，而且也是一位出色的听众。

伯瑞斯办公室需要一部电话录音设备，于是他联系了三家公司，并且在同一天安排这三家公司的推销员来演示。

  甲推销员第一个进来,他一手拿着设备,另一只手提着一个手提箱。进到办公室寒暄几句,就开始演示他的产品。他滔滔不绝地说他们的产品能做什么、怎么做,他表情生动、情绪高昂,介绍完之后他就准备结束推销,而伯瑞斯却没有任何表示。

  之后,第二个推销员乙进来,他的方法和甲的方法没有什么不同,他也进行了全面的演示,并解释了保证书,还不辞辛苦地通读了用户手册,他的工作似乎比甲要做得细致得多。但是让伯瑞斯失望的是,他介绍完产品之后,只是请伯瑞斯考虑看看,然后就迅速结束了推销。

  过了一刻钟,丙进来了。让伯瑞斯感到奇怪的是,他什么也没拿,进来就和伯瑞斯聊了起来。聊了几分钟之后,他才说:"伯瑞斯先生,为了节省您的时间,我能问几个关于您业务的问题吗?"伯瑞斯说"当然可以"。于是,他问为什么需要一台电话录音设备。

伯瑞斯非常喜欢这样的提问,就如实作了回答。丙继续问伯瑞斯"每天估计有多少个电话打进来"以及"是否想要一个设备,以便把不在办公室时候的电话信息记录下来"。看上去他对伯瑞斯的业务非常感兴趣,因为他对伯瑞斯先生的回答作了详细的记录。

丙接着说:"我认为我这儿有你们想要的。"于是他回到车上,拿进来一部电话录音设备,并告诉伯瑞斯这台设备能做什么。

结果可想而知,丙赢得了这笔生意。

著名心理学家威尔逊·米兹纳说:"一位好听众,不仅到处受人欢迎,而且能够比其他人知道得更多。"推销也是一样,善于倾听你会得到更多的信息。推销员收集到的有关客户及其组织的信息越多,就越可能设计出一套有针对性的推销策略,回答客户可能提出的问题,以减少客户对产品的疑虑,从而在尽可能短的时间内达成交易。

推销员倾听时应该注意技巧,通常推销员倾听客户谈话时容易出现的坏习惯就是只摆出倾听客户谈话的样子,内心却时刻等待机会将自己想说的话说完。这种沟通方式的效果会很差,因为推销员听不出客户的意图及期望,其推销自然也就没有目标。推销员自我设定倾听的目标,有利于自己专心倾听。有组织的倾听,有助于推销员快速而完全地从客户那漫无边际、毫无章法的谈话中跳出来,抓住客户谈话的重点,达到自己倾听的目的。

推销员语录

倾听购买信号——如果你很专心在听的话,当客户已决定要购买时,通常会给你暗示。倾听比说话更重要。

11 不可忽视
　　微笑的魅力

　　几年以前，底特律的哥堡大厅举行了一次巨大的汽艇展览会，人们蜂拥而至，在展览会上人们可以选购各种船只，从小帆船到豪华的游艇都可以买到。

　　在汽艇展览会期间，一家汽艇厂有一宗巨大的生意跑掉了，而第二家汽艇厂却用微笑把顾客挽留了下来。事情的经过是这样的：

　　一位来自中东某一产油国的富翁，他站在一艘展览的大船旁对他面前的推销员说："我想买一艘汽船。"这对推销员来说是求之不得的好事，那位推销员很周到地接待了富翁，只是他脸上冷冰冰的，没有笑容。

　　这位富翁看着这位推销员那张没有笑容的脸，走开了。

　　他继续参观，到了下一艘陈列的船前，这次他受到了一个年轻推销员的热情招待。这位推销员脸上挂着欢迎的笑容，那微笑像太阳一样灿烂，使这位富翁有宾至如归的感觉，这时他又说："我想买一艘汽船。"

　　"没问题！"这位推销员脸上带着微笑说，"我会为您介绍我们的产品。"

第六章 你也能成为推销赢家

他只这样简单地附和说。

这位富翁果然交了定金,并且对这位推销员说:"我喜欢人们表现出一种他们非常喜欢我的样子,现在你已经用微笑向我表现出来了。这次展览会上,你是唯一让我感到我是受欢迎的人。"

第二天这位富翁带着一张保付支票回来,买下了价值2000万美元的汽船。

可见,在恰当的时候、恰当的场合,一个简单的微笑可以创造奇迹,一个简单的微笑可以使陷入僵局的事情豁然开朗。

微笑是谁都无法抗拒的魅力,微笑的力量超出你的想象,养成微笑的习惯,一切都会变得简单。我国有句俗语,叫"非笑莫开店"。这就说,做生意的人要经常面带笑容,这样才会讨人喜欢、招徕顾客。

任何一个推销员都明白推销这一行业是不能缺少微笑的。如果一个推销员脸上缺少了微笑，会把一个准备购买自己产品的客户赶到竞争对手那里。推销大师乔·吉拉德说："有人拿着价值100美元的东西，却连10美元都卖不到，为什么，你看看他的表情，要推销出去，自己的面部表情很重要：它可以拒人千里，也可以使陌生人立即成为朋友。"

日本的推销大师原一平可以说是一个笑的专家，他曾在日常观察中指出，一个人在发怒之后，必须以笑来中和一下，如果只怒而不笑的话，那么这个人的情绪势必会失去平衡，呈现一种焦躁不安的情况，而难以与人相处。因此，从事推销这个特殊的职业，一定要学会运用使人愉悦的笑的技巧才行。

卡耐基的秘书莫莉是一位漂亮而又文静的女孩，她认为卡耐基是世界上最好的老板，在他面前，永远听不到他批评下属的声音。

有一次，因为临近下班了，她着急回家，匆匆地整理好卡耐基第二天讲演的稿子，放在桌子上后，便先回家去了。

第二天下午，莫莉坐在办公室里看报纸，这时卡耐基讲演回来，站在她的面前，笑呵呵地望着她。莫莉向卡耐基问道："卡耐基先生，讲演成功吗？"

"非常成功，掌声还很热烈呢！"卡耐基回答道。

"哦，那恭喜您了！"莫莉由衷地笑着说。

看着这个天真的女孩，卡耐基继续笑着说："莫莉，你知道吗？我今天给人家讲演了如何摆脱忧郁、创造和谐的话题。我打开讲演稿，一开始读，下面的人便哄堂大笑起来。"

"那一定是您的讲演太精彩了！"莫莉赞道。

"的确很精彩。因为我读的是一段关于如何让奶牛多产奶的新闻。"说完，卡耐基笑呵呵地拿出一张报纸，递给莫莉。

第六章
你也能成为推销赢家

看见这张报纸,莫莉的脸一下子红了,带有歉意地说道:"对不起,卡耐基先生,昨天怪我太粗心了,这不会令您丢脸吧!"

"当然没有,我还得谢谢你呢,要不是你这样做,我还不会自由发挥得这么好呢!"

从此以后,莫莉再也没有因为着急回家或干其他的事情而做错事情。

作为推销员,你要用卡耐基对待秘书的方式对待客户,你才会赢得更多的客户。不论在什么情况下,微笑都是化解一切情绪的有效武器。

有些推销员在推销的过程中,很容易受到情绪的控制。特别是当客户对成交要求表示不满时,提出新的要求时,他们就容易显出失落的表情。而这种表情一旦被客户捕捉到,极容易被利用来控制推销员。在这个时刻,推销员不妨脸上挂着笑容,微笑地对客户说"不"。

不论在任何时候,以愉快的心情、甜蜜的微笑去招呼你的每一个客户,问候他,并诚恳地与他交谈,你会发现推销是一个非常容易的工作,而生活也充满了乐趣,世界也变得非常可爱。

推销员语录

一个面带诚挚而热情的笑容的人,所到之处莫不受到欢迎;而愁容满面的人,则四处碰壁。

12 及时捕捉成交的信号

美国将领麦克阿瑟说:"战争的目的在于赢得胜利。"而推销的目的就在于赢得交易,成交是推销人员的根本目标,如果不能达成交易,整个推销活动就不能称其为成功。

所谓成交,就是推销人员诱导顾客达成交易,使顾客购买产品的行为过程。

把握成交时机对于一个推销人员来说是至关重要的。过早或过晚都会影响成交的质量和成败。要想交易成功,首先应捕捉住成交的时机。成交时机到来时,必定会伴随着许多有特征的变化和信号,这就需要推销人员富于警觉并善于感知他人态度的变化,及时根据这些变化和信号来判断交易的最佳时机。

大多数顾客只有在了解了产品及购买的好处之后才会产生购买的想法。但是,也有少数顾客只需简单地了解产品即采取购买行动。当推销员确信顾客已经准备购买时,成交的时机就出现了。

第六章
你也能成为推销赢家

但究竟什么时候才是交易达成的最佳时机,对于这个问题,每个人都有每个人的方法。事实上,推销员必须积极主动,绝不让任何一个成熟的时机偷偷溜走。购买信号是客户在已决定购买但尚未采取购买行动,已有购买意向但不十分确定时,通过言语、表情等多种形式所表露出来的行为特征。

有人说,每次推销只有一个最佳的成交时机,错过了这个时机,再想得到订单是几乎不可能的。其实,这种说法并不正确。事实上,成交的机会并非只有一个。在整个推销的过程中,推销员应该反复尝试,不断试探成交的可能性。

从推销员结识客户、引起对方注意、到客户最后决定购买这样一个过程,经历了许多阶段,这期间相当迂回曲折,但同时也为推销员把握客户的心理以及最后的成交做足了准备。因此,在激起客户购买欲望并建立信誉之后,客户就会有一些不同的购买信号。推销员要迅速地抓住这些信号,运用一些技巧,促使客户作出购买决定。

成交信号是顾客通过语言、行为、情感表露出来的购买意图信息。成交信号有些是有意表示的,有些则是无意流露的,这些都需要推销人员及时发现。

推销人员要及时发现、理解、利用顾客表露出来的成交信号,这并不是一件很困难的事情,其中大部分可以靠常识解决,关键需要推销人员的细心观察和体验,同时还要积极诱导。当成交信号发出时,要及时捕捉,并迅速提出成交要求。

但是,任何事情都不是绝对的,客户购买信号有时表现得不那么明确,因此,推销员在识别这些信号时,一定要经过确认,比如,可以向客户多提几个问题来对客户的购买欲望进行检验。如果答案是肯定的,那么这将是成交的良机。

客户的每一种表情和动作都代表着一种潜在的含义,优秀的推销员总是能

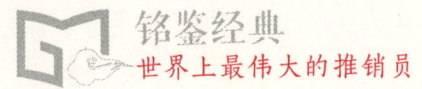

够从客户的表情和行为特征中发现一些有价值的信号。

一个杰出的推销员应当在整个推销过程中时刻注意捕捉购买信号,并要学会分析某种表情和行为背后的心理。在确定有成交信号出现时,就要随时停止正在进行的工作,迅速转入促成阶段。只有这样,才不会失去机会。

总之,成交信号的发现和确认,需要推销员有良好的判断能力。正如一位推销专家所说的:"没有任何东西能够取代推销员良好的判断力和职业敏感。"

推销员语录

成交时,要说服客户现在就采取行动。拖延成交就可能失去成交机会。一句推销格言就是:今天的订单就在眼前,明天的订单远在天边。

第七章
客户是你永远的朋友

朋友者，就是以心对待也。而推销的对象就是客户。客户既是上帝，也是朋友。推销的最高境界是与客户成为知心朋友，让客户感觉到你是在想方设法、设身处地地为他着想，真正为其解决问题的朋友。让客户成为自己的朋友，很多时候会让我们的工作事半功倍。

01 对待客户
　　千万不要以貌取人

推销大师原一平说，永远不要歧视任何人。推销员推销的不仅是产品，还包括服务，你拒绝一个人就拒绝了一群人，你的客户群会变得越来越窄。许多销售人员已经用无数的故事证明了这句箴言的正确性。

对推销员来说，任何客户都应该是至尊的"上帝"，不论这位客户是平民百姓还是达官贵人，是小企业还是大公司，是潜在客户还是准客户。能够对任何客户一视同仁、平等相待，是业务员对待客户最起码的礼貌，也是最基本的素养。

但是，在销售过程中，推销员总是在无意中根据个人的印象对客户的经济状况做出评估，包括顾客的衣着、性别、公司的规模或支付的能力。

曾有这样一个关于推销大师汤姆·霍普金斯的例子：

"在我的房地产销售生涯初期，我得到这样一个教训：销售人员永远都不要歧视任何一名潜在主顾。"汤姆·霍普金斯说。

一天，当汤姆·霍普金斯正在房屋等待顾客上门时，他的同事杰尔从旁边

第七章
客户是你永远的朋友

经过,并进来跟他打声招呼。没过多久,一辆破旧的车子驶进了屋前的车道上,一对年老邋遢的夫妇从车上下来,走向前门。在汤姆·霍普金斯热诚地对他们表示欢迎之后,眼角余光瞥见了杰尔,杰尔正摇着头,做出明显的表情对霍普金斯说:"别在他们身上浪费时间。"

"但是对人不礼貌不是我的本性,我依旧热情地招待他们,用我对待其他潜在买主的热情态度来对待他们。已经认定我是在浪费时间的杰尔,则在恼怒之中离去。由于房子中别无他人,建筑商也已经离开,我认为我不可能会冒犯其他人,为什么不领着他们参观房子呢?"

当汤姆·霍普金斯带着他们参观时,他们以一种敬畏的神态看着这栋房屋内部气派典雅的格局。4米高的天花板令他们眩晕得喘不过气来,很明显,他们从未走进过这样豪华的宅邸。而汤姆·霍普金斯也很高兴自己有这个权利,可以向这对满心喜悦的夫妇展示这座房屋。

在看完第四间浴室之后，这位先生叹着气对他的妻子说："想想看，这有四个浴室的房子。"他接着转过身对汤姆·霍普金斯说："多年以来，我们一直梦想着能拥有一栋有好多间浴室的房子。"

那位妻子注视着丈夫，眼眶中溢满了泪水，汤姆·霍普金斯注意到她温柔地紧握着丈夫的手。

在参观过了这栋房子的每一个角落之后，他们回到客厅，"我们夫妇俩是否可以私下地谈一下？"那位先生礼貌地向汤姆·霍普金斯询问道。

"当然。"汤姆·霍普金斯说，然后走进了厨房，好让他们俩独处讨论一下。

5分钟之后，那位女士走向汤姆·霍普金斯："好了，你现在可以进来了。"

这时，一副苍白的笑容浮现在那位先生的脸上。他把手伸进了外套口袋中，从里面取出了一个破损的纸袋。然后他在楼梯上坐下来，开始从纸袋里拿出一叠叠的钞票，在梯级上堆出了一叠整齐的现钞。请记住，这件事是发生在那个没有现金交易的年代里。

"后来我才知道，这位先生在达拉斯一家一流的旅馆餐厅担任服务生领班，多年以来，他们省吃俭用，硬是将小费积攒成了一大笔钱。"

无论是客户，还是非客户，优秀的推销人员对待他们的态度都是一样的，他们对待任何一个人都很有礼貌，并将每个人都看成有影响力的人士，因为他们知道，订单常从出其不意的地方来。他们更知道，10年前做的事情，可能变成现在的生意。

对优秀的推销员而言，没有所谓的"小人物"。他不会因为厨房耽误上菜的速度而斥责侍者，不会因飞机误点或航班取消而痛斥前台人员，他对每个人都待之以礼。杰出推销员对推着割草机割草的工人和制造割草机公司的总裁，都是一样地尊敬及礼貌。

第七章
客户是你永远的朋友

曾经有一家企业的大老板说:"每次我和老婆想买房子时,我们都会穿着休闲服,开着旧车去看房子。"

他之所以这么做,原因是不希望让售楼人员知道他很有钱、死缠着要他买房子;另外一个原因是,他希望售楼人员是真的喜欢售楼工作,而不只是为了钱。

有一次,他和往常一样,穿着休闲服、开着10年车龄的汽车去看房子,结果竟然是没有人理他。

他说:"真是的,原本我打算要买那栋别墅的,可是被以貌取人的售楼人员这样对待,再怎么喜欢,我也不买。"

所以推销人员对待客户要一视同仁,平等待客,不能以貌取人。无论交易是否成功,都要拿出你的热心,认真接待每一位来访的客户。否则,将损失的就不止是一个客户一笔生意了,就如乔·吉拉德所说:"怠慢1人就等于怠慢250人"。

推销员语录

世界上最伟大的推销员乔·吉拉德认为,在每一位客户身后都站着与他关系密切的250个人。

02 吸引客户的方法

任何人的任何购买活动都是以注意作为第一步而开始的，所以推销人员必须想尽办法吸引客户，才能让推销顺利进行。引起客户注意的方法主要有以下几个：

1. 说好第一句话。

为了吸引客户的注意力，在面对面的推销工作中，说好第一句话意义重大，因为一个好的开头能带来一个良好的语言环境，有助于整体工作的进展，使我们的推销能力有足够的施展空间。许多客户在推销员说完第一句话之后，都会在心中给这个推销员作出评价，并决定是把业务员打发走还是准备继续谈下去。因此，第一句话能否引起客户的注意，影响着能否达成交易。所以第一句话要做到生动有力，不落俗套，让客户爱听、想听并吸引客户继续听下去，而不能拖泥带水，支支吾吾。

2. 巧妙提问。

提问的方式多种多样，要巧妙的提问，才有可能激起客户的购买欲望。所谓巧妙提问，是指发问不是直截了当，而是在了解客户需要的基础上，运用恰当的提问，激发客户的好奇心和兴趣，达到引起注意的目的。提问要有目的性，盲目提问毫无意义，通常推销员需要在提问前确定好问题的内容、表示问题的方式和提出问题的时机以及考虑好这些问题会在对方身上产生什么反应。只有这样，才能通过提问得到的信息，促使客户作出反应。

3. 抓住客户的问题。

抓住客户的问题并帮助客户解决问题也是引起客户注意的重要手段。在推销之前要知道客户想要什么，关心什么，对什么感兴趣，直接引出问题，并提出相应的解决方案，就能抓住客户。

4. 采用创新方法。

推销员要运用新产品、新包装、新的广告宣传、新的推销技术，采用与众不同的推销方法，吸引客户的注意。这样创新的推销方法既要防止落入俗套，又要避免"老一套"。只有不断地创造新的方法和新的风格，才能打动客户。

推销员应尽自己一切能力吸引客户注意，不能因追求新奇而使自己的形象得到损害。同时，与客户交谈时语言必须精炼，切忌太多，否则，让人觉得啰嗦，难以取得应有的效果。

当推销活动受到外部因素的干扰或客户自身的干扰时，客户注意力转移，推销员应想出一个让客户感兴趣的话题把客户的注意力吸引过来，进行有效的引导。

推销员语录

推销员接近顾客的方式，往往决定自己在他们心目中的地位是"接单者"还是"建议者"。

03 热情地对待
   你的每一位顾客

汽车推销大王乔·吉拉德总是设法让每一个光顾他生意的顾客感到他们似乎昨天刚见过面。

"哎呀，比尔，好久不见，你都躲到哪里去了？"乔·吉拉德微笑着，热情地招呼一个走进展销区的顾客。

其实做生意就是做朋友，当你不断地与客户建立牢固的友谊时，你便有了广泛的人际关系，那时离成功也就不远了。

"嗯，你看，我现在才来买你的车。"比尔抱歉地说。

"难道你不买车，就不愿顺道进来看看，打声招呼？我还以为我们是朋友呢。"

"是啊，我一直把你当朋友，乔。"

"你每天上下班都经过我的展销区，比尔，从现在起，我邀请你每天都进来坐坐，哪怕是一小会儿也好。现在请你跟我到办公室去，告诉我你最近都在忙什么。"

第七章
客户是你永远的朋友

当一位满身尘土、头戴安全帽的顾客走进来时,乔·吉拉德就会说:"嗨,你一定是在建筑业工作吧。"很多人都喜欢谈论自己,于是乔·吉拉德尽量让他无拘无束地打开话匣子。

"你说得对。"他回答道。

"那你负责什么?钢材还是混凝土?"乔·吉拉德又提了一个问题想让他谈下去。

有一次,当乔·吉拉德问一位顾客做什么工作时,对方回答说:"我在一家螺丝机械厂上班。"

"噢,那很棒,那你每天都在做什么?"

"造螺丝钉。"

"真的吗?我还从来没有见过螺丝钉是怎么造出来的呢。方便的话我真想上你们那儿去看看,欢迎吗?"

乔·吉拉德只想让对方知道自己是多么重视他的工作。或许在这之前,从未有谁怀着浓厚的兴趣问过他这些问题。相反,一个糟糕的汽车推销员可能嘲

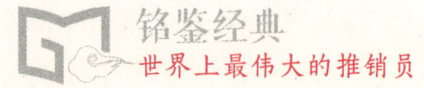

弄他说:"你在造螺丝钉?你大概把自己也拧坏了吧,瞧你那身皱巴巴的脏衣服。"

有一天,乔·吉拉德特意去工厂拜访这位顾客的时候,看得出对方真是喜出望外。他把乔·吉拉德介绍给年轻的工友们,并且自豪地说:"我就是从这位先生那儿买的车。"乔·吉拉德趁机送给每人一张名片。正是通过这种策略,他获得了更多的生意。

热情地对待每一位顾客说起来很容易,可是做起来却很难。推销员每天面对那么多人,况且人的情绪也有阴晴不定的时候。抓住每一位顾客的心很难,可是,只有你尊重你的每一位顾客,才会有机会抓住尽可能多的顾客。

美国学识最渊博的哲学家约翰·杜威说:"人类心中最深远的驱策力就是希望具有重要性。"每一个人来到世界上都有被重视、被关怀、被肯定的渴望,当你满足了他的要求后,他被你重视的那一方面就会焕发出巨大的热情,并成为你的朋友。

推销员语录

推销任何商品,只要秉持真诚,使对方坦诚相待,完全信赖,并非难事。

04 站在客户的角度考虑问题

假定你是自己的客户，你会跟自己做生意吗？这个问题的答案经常能解答大部分客户的问题。在这一点上，就要求每一位推销员要站在客户的角度去考虑问题。

很多推销员几乎都有一个通病，即在好不容易见到客户后，就急不可耐地向他们推销自己的产品，生怕到手的生意飞走。殊不知，这样的做法很可能会引起客户的逆反心理，你越是急于求成，他们越是犹豫不决。其实，你不妨换个思路，多为对方做一些考虑，站在客户的立场上说一些他们爱听的话，或许就能收到意想不到的效果。

积极地为客户着想，"以诚相待、以心换心"，是推销人员对待客户的基本原则，也是销售人员成功的基本要素。

有一位销售培训师对学生们说："能够把冰箱卖给爱斯基摩人的推销员不是一个好的推销员。因为这个爱斯基摩人在发觉上当后就再也不愿见到他了，推销员也不要想再回到那里卖其他任何东西了。因为别人已对他失去了

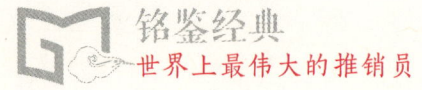

信任。"

托尼·高登曾经为一个准客户准备过一份复杂的报告。她是托尼·高登一位客户的遗孀,很富有,家里有小孩。她把资产交给家庭股票经纪人、家庭律师和家庭银行师管理,而这些人都想从她的家产中分一杯羹。于是,这些人结合起来,使得资产的税后年利率仅为3%,而遗产税率高达50%。然而,如果用寿险商品的话,她的收益率可以大幅提高。

不过,托尼·高登遇到的问题是:如何去接近这位被专家顾问们团团包围的准客户?

托尼·高登决定准备一份报告——整整9页的篇幅,用统计数据、收益数字和百分比来证明自己的观点。

然后托尼·高登就去拜访她,并开始对报告进行讲解。但是,当托尼·高登讲到第5页时,她的表情开始变得呆滞;讲到第7页时,她已经根本不想听了。托尼·高登之前所做的工作都付诸东流了。备受挫折的托尼·高登把这份9页的报告卷起来,丢在客厅的地板上,然后在速写纸上画了一个漏斗:漏斗上端流进的是须被课以高额税金的现金,漏斗旁边是被各种税滤掉的资产,底下流出来的是税后所得和身故时的税后资产。

"你明白吗?"托尼·高登说,"这正是我努力要做的。"托尼·高登从她的笑容中感觉到,她终于了解托尼·高登的观点了。

托尼·高登觉得要抓牢一个人的思想,其实非常简单。这位客户到现在还把投资称作漏斗。他们每隔几年会碰面一次,检视她的漏斗和投资绩效。

这是一位富有的女士,随着她收入的不断增多,她应该还要做些什么呢?

托尼·高登首先替她准备了足够的寿险,以应付身故时的应缴税款;其次,为她做了对子女和孙子女的财产赠予规划,她想为她的每一名孙子女存一笔钱,等他们满21岁时,就可以从账户上拨一部分给他们成家;托尼·高登又建议

第七章
客户是你永远的朋友

她为每一位孙子女准备一份储蓄险。她觉得这个想法很不错,她一共有 10 位孙子女。

这些都是 20 多年前的事了。现在她的 10 位孙子女要么已经拿到、要么即将拿到这笔储蓄险的收益。而这正是他们的祖母每年替他们缴纳的保费,是善于利用人寿保险所得到的额外收获。这真是一份爱的赠与。

去年托尼·高登去探望过这位客户。她很热情地招待托尼·高登,并在托尼·高登脸颊上亲了一下,说:"托尼·高登,我真是太感谢你了!去年,我有 3 个孙女出嫁。她们的父亲没办法替他们负担太多,但你的保单却替她们付了首期房款。"她含着泪说,"你帮我的孙辈们成家了。"

为什么有的推销员总与成功有缘,而有些推销员则始终无法避免失败呢?最主要的原因就是前者能够为客户解决问题,而后者在拜访客户时往往表现得

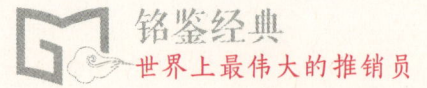

盲目和平庸。总有一些推销员匆匆忙忙地敲开客户办公室的门，急急忙忙地介绍产品，遭到客户拒绝后，又赶快去拜访下一位客户。他们整日忙忙碌碌，所获却不多。

站在客户的角度考虑问题，这是每一个推销员都明白的道理，但是未必每个人都能做到。如果你能让你的客户或者潜在客户感觉到，你是真心喜欢他们，并为他们的利益着想，那么你的推销生涯将会无往不胜。

推销员语录

与客户进行"换位思考"，设身处地为客户着想，敏锐地发现其独特需求，才能采取恰当的推销方式。

05 取得客户的信任

贝特格说："赢得客户的信任，你才能源源不断地得到客户。只有保证客户对你的信任，你才能稳住你的老客户。"

一次，贝特格向一位年轻的律师推销保险。年轻人表示对保险没有什么兴趣，不过很喜欢贝特格说话的方式。

第七章
客户是你永远的朋友

贝特格说:"巴内斯先生,我真不好意思浪费您的时间,可是谁都看得出您是一个前程远大的人,如果您不介意的话,我想继续和您保持联系。"

巴内斯先生认为贝特格在巴结他,有些不高兴地说:"你所说的前程远大是什么意思?"

贝特格:"您一个星期前曾在州长会议上进行过演讲,当时我正好在场,我认为那是我所听过的最好的演讲,而且与我一起听演讲的朋友都这样认为。"

贝特格看他听完之后已经按捺不住心中的喜悦,就趁热打铁地问他在盛大的公共场合如何镇定自若地演讲,他非常愉快地向贝特格讲解起来。

等到贝特格离开的时候,他和贝特格握手道别:"贝特格先生,我时刻恭候您的来访。"

几年后,这位年轻的律师在事业上取得巨大的成功,获得了极大的声誉,和贝特格的联系也越来越密切,并且从贝特格这里买下了很多的保险,他们成了好朋友。

后来,这位年轻律师被宾夕法尼亚州制糖公司和密德勒钢铁公司等几家大企业聘为法律顾问,据说还参与过这些大企业的重要决策。再后来,他已经是宾夕法尼亚州最高法院的法官了。

他们彼此非常信任,年轻律师常在私下里对贝特格讲述他的成就,贝特格也分享着他的快乐。

贝特格曾有一次对他说:"我一直都相信您是一个前途远大的人。"当时他已经是最高法院法官了,对贝特格给予的鼓励他表示感谢。

赢得客户的信任,你才能成功地完成推销工作。如果你不能获得客户的信任,他就不会与你成交。客户购买的是你的产品,同时买的也是对你的信任。

日本企业家小池先生出身贫寒,20岁时在一家经销机器的公司当推销员。有一段时间，他推销机器非常顺利，半个月内就同25位顾客做成了生意。

可是有一天，他突然发现他当时所卖的这种机器比其他公司生产的同样性能的机器贵了一些。他想："如果顾客知道了，一定以为我在欺骗他们，会对我的信誉产生怀疑。"

深感不安的小池立即带着合约书和订单，逐家拜访客户，如实地向客户说明情况，并请客户重新考虑选择。

他的行为使每个客户都很受感动，此举也为他带来了良好的商业信誉，大家都认为他是一个值得信赖的正直的人。结果，不但没有一个人与他解除合约，反面又给他带来了更多的客户。

每个人都喜欢别人的信任和祝福。如果你真诚地去帮助你的客户，没有什么比这更让你的客户对你感恩了。而且这样建立起来的合作是坚不可摧的。

在推销的过程中，你如果始终把客户的需求、利益摆在第一位，真正地将顾客当做朋友，当做你生命的贵人，特别是在他们处于事业低谷时，你仍以朋友般的真诚激励他们，与他们一起成长，总有一天，顾客会给你上千倍的回报。

一个推销员所拥有价值最高的东西就是客户的信任。成功的推销是感情的交流，而不只是产品。

推销员语录

客户需要的，不仅是你的产品，还有你的友情与尊重，产品是许多人都能提供的，而友情却不是如此。

第七章
客户是你永远的朋友

06 永远做客户
最好的顾问

要想获得客户的好感,就不要把自己单纯地看作是一个推销员,要做客户的顾问,为他解决问题。顶级的推销员都是用产品与服务来解决问题的人,而不是去找产品买主的人。他们不会走到客户面前,摆出一副希望能做成生意的样子。相反,他们去拜访客户,是以顾问的身份去帮助客户解决问题或帮助客户达成目标的。

美国国际商用机器公司(IBM)董事长约翰·奥佩尔有这样一句名言:"你们得牢牢记住是谁付给你们钱的!"这句话强调了客户的重要性,但这并不表示一切唯客户是从。有些推销员在推销产品时,对待客户低声下气,就好像是客户花钱雇来的一样。

推销员如果定位不准,就会把自己的地位放得很低,同时过分看重金钱,最终就会让客户在心理上难以认同,一旦这样,即使你使用各种技巧,也难以让客户喜欢上你。这就是传统推销方法的弊端。

但是如果你把自己当作客户的顾问，那么你的心里就很容易接受客户，而客户也更容易接受你。

推销员应该把客户当成真正的朋友，类似于平时可以互相来往、互相帮助的那种朋友。他们会把焦点放在了解客户的处境上，并且会基于客户的实际需求提出最好的建议。

原一平在朋友处得知本田的电话，于是打电话预约，在电话中原一平向本田保证只是与他交朋友，不会提保险。在与本田的见面中，原一平信守誓言绝口不提保险的事，只同本田谈他的生活、来东京的经过，以及他所受的教育、家庭和事业等。

当本田问原一平一些个人问题时，原一平都老实地回答了，而且话题也很自然地转到本田身上。前后只不过20分钟的时间，本田已经把原一平当老朋友看待了。

于是本田像和老朋友说话一样，向原一平问道："我目前买了几份保险，我想听听你的意见，也许我应该放弃这几份，然后重新向你买一些划算的。"

原一平告诉他："已经买了保险最好不要放弃。想想看，您在这几份保险上已经花了不少钱，而保费是越付越少，好处是越来越多，经过这么多年，这几份保险已经越来越划算了！如果您需要的话我可以就您现有的保险合约，特别为您设计一套，然后您自己可以比较一下。如果您不需要买更多的保险，我会劝您不要浪费那些钱。"

就这样他们开始轻松地讨论保险，而原一平也将他的保险专业知识展露无遗。接下来，原一平告诉对方有关收入、财产、欠债、受抚养人、子女教育以及私有房地产跟保险金额之间的关系。然后把对方手头上的保险单接过来，仔仔细细地研究了一番。

如果原一平觉得对方的确是需要再购买一些保险，他会坦白告诉对方，并替他设计一个最合适的保单。如果原一平认为对方不需要再多投保一块钱，他就会告诉客户:"你不需要再买保险了,我看不出您有什么理由需要再买那么多的保险!"

顶级推销员都会把自己看成是客户的顾问而非推销员,会视自己为客户的资源。他们会很热情地融入销售的人际关系当中,而且十分关心他们的产品或服务是否能解决客户未来的问题。

总之,作为一个推销员,要让客户看到你对他的价值,而不仅是你的产品对他的价值。只有当他认可你,才能认可你的推销,最后才能认可你的产品。因此,先确定你的形象吧,然后再做推销工作。

推销员语录

不管你对于每天接触的客户具有何种想法,这都无所谓,重要的是你对待他们的方法。

07 处处留心皆客户

不管是初出茅庐的新手,还是阅历资深的推销高手,如何选择推销对象,发现客户,这是出门头一件大事。这需要推销员有一双能够寻找客户的慧眼,

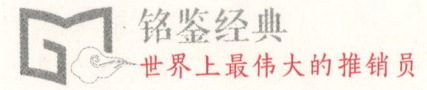

找到那些最能与自己成交的人,把时间放在这些人身上,从而实现销售效益最大化。

一个成功的推销人员不但要清楚自己是谁,有哪些观点,持什么样的态度、价值观,还要清楚自己的行为是否符合客户的要求。客户会判断你的行为和态度,因为人们习惯从自己信任的人而不是自己喜欢的人那里买东西。如果不了解这些,你就难以把握客户的心理,也就找不到真正的客户。

寻找客户是一项艰巨的工作,特别是对于刚刚从事推销行业的新手,你的资源只是你对产品的了解而已,你会通过很多方法来寻找潜在客户,而且你花在这个上面的时间也会非常多。

其实,生活中,客户是无处不在的。如果你的客户少,那是因为你缺少一双发现客户的眼睛而已。随时留意,关注你身边的人,或许他们就是你要寻找的准客户。

有一天,原一平到一家百货公司买东西。忽然间,原一平听到旁边有人问女售货员:"这个多少钱?"

说来真巧,问话的人要买的东西与原一平要买的东西一模一样。

女售货员很有礼貌地回答:"这个要7万日元。"

"好,我要了,你给我包起来。"

想来真气人,购买同一样东西,别人可以眼也不眨一下就买下来,而自己却得为了价钱而左右思量。原一平对这个人产生了极大的好奇心,决心追踪这位爽快的"有钱先生"。

"这位先生继续在百货公司里悠闲地逛了一圈,他看了看手表后,打算离开。那是一只名贵的手表。

"追上去。"原一平对自己说。

那位先生走出百货公司门口,横过马路,走进了一幢办公大楼。大楼的管理员殷勤地向他鞠躬。果然是个大人物,原一平缓缓地吐了一口气。

第七章
客户是你永远的朋友

眼看他走进了电梯,原一平问管理员:"你好,请问刚刚走进电梯的那位先生是……"

"你是什么人?"

"是这样的,刚才在百货公司我掉了东西,他好心地捡起给我,却不肯告诉我大名,我想写封信向他表示感谢,所以跟着他,冒昧向你请教。"

"哦,原来如此,他是公司的总经理。"

"谢谢你!"

正所谓"世上无难事,只怕有心人。"作为一个推销员,只要你留心,每一个人都有可能成为你的客户。

一位中年男子领着孩子悠闲地走近玩具柜台,他随手拿起声控玩具飞碟,

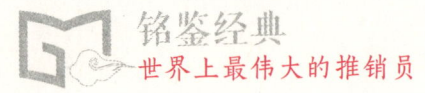

孩子也站过来观看。玩具推销员笑容可掬地趋前问道:"先生,您好!您的孩子多大啦?"

"6岁。"男士回答着,又转眼看别的玩具。

推销员继续说:"哦,6岁了,真可爱,这个年龄可是开发智力最好的时候。"

男士看了推销员一眼,表示同意他的观点。

推销员继续说:"刚才您拿的那个声控玩具飞碟看起来简单,但其实正是小宝宝这个年龄该玩的。"一边说,一边把玩具的开关打开。

男士不由得转回了视线,推销员把玩具放在地上,拿起声控器,熟练地操作着玩具前进、后退、旋转,同时说道:"小孩子从小玩这种玩具,可以培养出强烈的领导艺术。"

孩子本来已经走到了另一个玩具摊上,但是听到玩具的声音,不由得又走回来,男士接过小姐手中的玩具,也玩了起来。孩子吵嚷着也要玩。男士把玩具递到了孩子手中,转回头问道:

"这一套多少钱?"

"450元!"

"太贵了,400元好了。"

"跟令郎的领导才华相比,这50元实在是微不足道的。"

推销员略停片刻,拿出两个崭新的干电池说:"这样好了,这两节电池免费奉送。"说着,将玩具连同电池包装好,递给男士。

所以说,在寻找客户的过程中,推销员必须具备敏锐的观察力和正确的判断力。细致观察是发现客户的基础,要多看多听,多思考,正确分析对方的内心活动,吸引对方的注意力,以便激发对方的购买需求与购买动机。

在当今市场经济社会中,任何企业和个人都有可能成为某种产品的购买者或者是某种服务的享受者。对于每一个推销员来说,他所销售的产品遍布于千

第七章
客户是你永远的朋友

家万户,各行各业。因此,一名优秀的推销员应该牢记自己的工作职责,客户无时不在,无处不有,只要自己不懈努力地与各界朋友沟通合作,习惯成自然,那么你的客户就会越来越多。

推销员语录

获取订单的道路是从寻找客户开始的,培养客户比眼前的销售量更重要,如果停止补充新顾客,销售代表就不再有成功之源。

08 用赞美 敲开顾客的心

真诚地赞美客户,无论在过去、现在还是将来都是推销员获得客户好感的有效方法。法国作家安德列·莫洛亚说:"美好的语言胜过礼物。"在实际生活中,每一个人,包括我们难缠的客户,都渴望别人真诚地赞美。

卡耐基曾说:"人性的弱点之一就是喜欢别人赞美。"每个人都会有一些引以为自豪和骄傲的事,推销人员如果能抓住顾客的这个心理很好地利用,就能成功地接近顾客。赞美要符合顾客心理,用真诚、得体的话语打动顾客

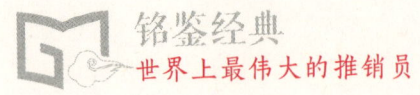

的心。

原一平说:"赞美是畅销全球的通行证。"推销员赞美顾客,能获得顾客的好感。因此说,懂得赞美的人,肯定是会推销自己的人。

因为我们每个人都有自尊,都希望听到别人对自己的优点的赞美。如果你是真诚的,不使人感到虚假或敷衍,会在对方心里留下好印象,这时,他就会对你表示友好、亲近,愿意与你合作。

布莱恩·崔西是美国最知名的销售训练讲师及顾问之一,他曾做过图书推销,他说:"我能让任何人买我的图书。"他推销图书的秘诀只有一条:善于赞美顾客。

有一次,崔西出去推销图书,遇到了一位非常有气质的女士。那时候,崔西还是刚刚开始运用赞美这个法宝。当那位女士听到崔西是推销员时,脸一下

第七章
客户是你永远的朋友

子阴了下来:"我知道你们这些推销员很会奉承人,专挑好听的说,不过,我不会听你的鬼话的。你还是节省点时间吧。"

崔西微笑着说:"是的,您说得很对,推销员是专挑那些好听的词来讲,说得别人晕头转向的,像您这样的顾客我倒是很少遇到,特别有自己的主见,从来不会受到别人的支配。"

这时,细心的崔西发现,女士的脸已由阴转晴了。她问了崔西很多问题,崔西都一一作了回答。最后,崔西开始高声赞美道:"您的形象给了您很高贵的个性,您的语言反映了您有敏锐的头脑,而您的冷静又衬出了您的气质。"

女士听后开心得笑出声来,很爽快地买了一套书籍。而且后来,她又在崔西那里购买了上百套书籍。

随着推销图书经验的日渐丰富,崔西总结出了一条人性定律:没有人不喜欢被赞美,只有不会赞美别人的人。

崔西在自己的日记中曾写道:"其实,我心里很明白,只要能够跟我的顾客聊上三分钟,他不买我的图书,那是不可能的。因为,无论做人还是做事,要改变一个人,最有效的方式是:传递信心,转移情绪。"

同时,他还写出他总结出的又一条人性定律:"人是感性左右理性的动物。若一个人的感性被真正调动了,那么,他想拒绝你比接受你还要难。而要想迅速控制一个人的感性,最有效和快捷的方法就是恰如其分地赞美。"

推销员用赞美对方的方式开始推销洽谈,很容易获得顾客对自己的好感,推销成功的希望也大为增加。但是,赞美对方并不是美言相送,随便夸上两句就能奏效的,如果方法失当反而会起相反的作用。因此,赞美必须看准对象,了解情况,选对时机,恰到好处地进行赞美。

推销员适时地对客户进行赞美,往往能够让客户把推销员当作知心朋友来

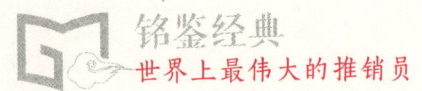

对待。在这种环境中，最容易达成交易。其实，赞美不一定都要表现在言语上，通过目光、手势或者微笑都可以表达对客户的赞美之情。

推销员语录

适当地赞美客户，不仅能体现推销人员高深的文化修养，更能为促成业务推波助澜。

第八章
不能忽视售后服务

　　售后服务是整个推销过程的重点之一。售后服务和商品的质量、信誉同等重要，在某种程度上售后服务的重要性或许会超过信誉，因为有时信誉不见得是真实的，但是适时的售后服务却是无法做假的。推销员贴心周到的售后服务会给买家带来愉悦的心情，从而成为你的永远的忠实客户。

01 真正的推销使于售后

销售，是一个连续的活动过程，只有起点，没有终点。成功交易并非是推销活动的结束，而是下次推销活动的开始。在成交之后，推销员要向客户提供服务，以努力维持和吸引客户。

有些推销员认为产品卖出去后就"万事大吉"了，其实则不然，好的售后服务可能会给你带来更多忠实的买家，下面让我给你细细道来。

推销员要创造出更多的客户，一个重要途径是确保老客户，使现有的客户成为你忠实的客户。这样做会使你的销售有稳固的基础。而能否确保老客户，则取决于推销员在成交后的服务。推销员不仅要做成生意，而且要与客户建立关系。在成交之后，推销员要努力使客户的大门对未来的销售总是敞开着，而不是断送机会。

因为服务是不该有止境的，而售后服务更能彰显出一个推销人员的细心、热忱和气度。用服务打动客户，他们不仅能成为永久客户，还能带来更多的客户。

第八章
不能忽视售后服务

但有一些推销员只顾寻找新客户而丢掉了自己最重要的老客户，最终得不偿失。一位推销专家深刻地指出，失败的推销员常常是从找到新客户以取代老客户的角度考虑问题的；而成功的推销员则是从保持现有客户并且扩充新客户，使客户越来越多，销售业绩越来越好的角度考虑问题的。

"真正的销售始于售后"，意思是说，在成交之后，推销员能够关心客户，向客户提供良好的服务，这样既能够保住老客户，又能够吸引新客户。你的服务令客户满意，客户就会再次光临，并且会给你推荐新的客户。

著名的推销员坎多尔弗十分注重售后服务，他认为优质的服务就是优质的推销。他说："要想与那些优秀的推销员竞争，就应多关心你的顾客，让他觉得你这儿有宾至如归的感觉。你应该建立一种信心，让他永远不能忘记你的名字，你也不应该忘记顾客的名字。你应确信，他会再次光临，他也会介绍他的同事或朋友来。能使这一切发生的方法只有一个，就是你必须为顾客提供优质的售后服务。"

坎多尔弗不仅提供优质服务，而且还传授了他的售后服务方式，他说："有个好主意可使你在售后继续提供优质服务，那就是在成交后着手给他写上几句什么，或是打个电话。"

坎多尔弗总是坚持售后给顾客写上几句，他这样写给他的客户：

亲爱的约翰：

恭贺您今天下午作出决定，加入人寿保险。这当然是建立良好的长远理财计划的重要一步。我希望我们的会见是我们长期友好关系的开端，再次对您购买保险表示感谢，并祝您万事如意。

您的忠诚朋友乔·坎多尔弗

"如果不与你的顾客保持联系，你就不可能为其提供优质的售后服务。"坎多尔弗在其推销生涯中，自始至终都牢记着这一信条，可以说这是他成功的关键所在。

"你忘记客户,客户也会忘记你",这是国外成功推销员的格言。在成交之后,继续不断地关心客户,了解他们对产品的建议或意见,并虚心听取,对产品和推销过程中存在的问题,采取积极的弥补措施,防止失去客户。

乔·吉拉德有一句名言:"我相信推销活动真正的开始是在成交之后,而不是之前。"

"成交之后仍要继续推销"这种观念使得乔·吉拉德把成交看作是推销的开始。他和自己的客户成交之后,并不是把他们置于脑后,而是继续关心他们,并恰当地表示出来。

乔·吉拉德每月要给他的1万多名客户寄去一张贺卡。一月份祝贺新年,二月份纪念华盛顿诞辰日,三月份祝贺圣帕特里克日……凡是在乔·吉拉德的店里买了汽车的人,都能收到乔·吉拉德的贺卡,因此也就记住了乔·吉拉德。正是因为乔·吉拉德没有忘记自己的客户,客户也不会忘记乔·吉

第八章
不能忽视售后服务

拉德。

总之，要成为一名优秀的推销员，应该记住这样一句话：永远不要忘记客户，也永远不要被客户忘记。

推销员语录

你对老客户在服务方面的怠慢正是竞争对手的可乘之机。照此下去，不用多久，你就会陷入危机。

02 成交结束，服务开始

成交是否是推销的终点呢？答案是否定的。世界知名的推销员都不把成交看成是推销的终点，著名推销大师乔·吉拉德的汽车推销生涯中有一个核心的理念，那就是"销售在服务之后"。

他说："一旦新车子出了什么问题，客户找上门来要求修理。我会叮嘱有关修理部门的工作人员，如果知道这辆车子是我卖的，那么就立刻通知我，我会马上赶到，设法安抚客户。我会告诉客户，我一定让人把修理工作做好，一定让他对车子的每一个小地方都觉得特别满意，这也是我的工作。没有成功的维修服务，就没有成功的推销。如果客户仍然觉得有严重问题，我的责任就是和客户站在一边，确保他的车子能够正常运行。我会同客户共同战斗，要求修理厂进一步维护和修理。无论何时何地，我总是和我的客户站在一起，与他们同呼吸、共命运。"

车子卖给客户后，若客户没有任何反馈，乔·吉拉德就会主动和客户联系，不断地与客户接触。或者打电话给客户，开门见山地问："先生，您以前买的车子情况如何呀？"或者亲自拜访，问客户使用汽车是否舒适，并帮客户检查车况。在确定客户没有任何问题之后，他才离开，并顺便向对方示意，在保修期内应该将车子仔细检查一遍，提醒在这期间送去检修是免费的。他的每一句话、每一个行为都是在为客户着想。

事实上，乔·吉拉德的付出从来没有白费过。客户为他转介绍许多亲朋好友来车行买车，甚至包括他们的子女。

乔·吉拉德将客户当做是自己的朋友，把客户的事当做自己的事。正是这种付出的精神和心态，使得客户感到不为他做点事都觉得惭愧，不为他转介绍客户都觉得不安。

其实，销售总是在成交结束之后，得到客户只是开始而已。

要有效地挖掘客户群，优质的服务是必不可少的。你对你的客户服务越周到，他们与你的合作关系就会越长久。推销行业也同其他行业一样，存在着很大的竞争，而唯一可以让你的客户将你与其他推销员区分开来的方法，就是与众不同的、更好的服务。

推销员语录

据估计，有50%的推销之所以完成，是由于交情关系。这就是说，由于销售代表没有与客户交朋友，你就等于把50%的市场拱手让人。交情是超级推销法宝。

03 售后服务是推销的延续

在传统的推销观念影响下，一些推销员认为，产品一经售出就万事大吉，售后服务是额外负担，白白浪费人力和钱财，所以总是忽视售后服务。但在现

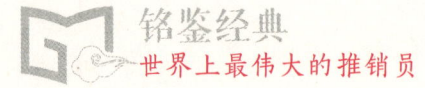

代推销观念的指导下，许多人改变了看法，认识到产品销售并不只是把产品卖给客户这样一个环节，更多的是为客户做好服务，特别是售后服务，这关系到推销员的生存和发展。

对于推销员而言，热情、周到的售后服务，不仅可以巩固已争取到的客户，促使他们连续、重复购买，还可以通过这些客户的宣传，争取到更多的新客户，开拓新市场。从这层意义上来说，售后服务是推销的延续。

有一位推销员，她能够让和她达成交易的客户为她介绍更多的客户，现在的她几乎不用上门推销，就能接到许多订单。为此，她总结自己的成功经验时说："对于我来说，销售的关键时刻，以及我需要做的最重要的工作，是在买主向我购买了产品之后。"这句话的意思就是售后服务，正是她热忱的服务，让她获得巨大的成功。

第八章
不能忽视售后服务

她在销售之后，通常会给买主打几次电话。她向买主说明打电话的用意，是想弄清楚他们是否满意她提供的产品。如果得到的评价是否定的，她便真诚地请买主提出宝贵的意见，还顺便回忆一下当时与买主谈话时的点滴细节。

她非常细心，对与她接触的每一个客户她都存有一份档案，其中包括通话的次数和每次通话的大概内容。在赞扬了客户之后，她还告诉客户会收到自己寄出的礼物。通常礼物不是很贵重，但却是客户该买而没有买的。如果客户有任何问题，她就会立刻满腔热情地去处理，直到客户满意为止。

著名的推销员坎多尔弗也十分重视成交后的服务，在他看来"优质的服务就是优质的推销"。他说："要想与那些优秀的推销员竞争，就应该多关心你的顾客，让他感到你这儿有宾至如归的感觉。你应该建立一种信心，让他永远也不能忘掉你的名字，你也不应该忘记顾客的名字。你应该确信，他会再次光临，他也会介绍他的同事或朋友来。能使这一切发生的方法只有一个，就是你必须为顾客提供优质的服务。"

"如果你不与你的顾客保持联系，就不可能为其提供优质的服务。"坎多尔弗在其推销生涯中，自始至终都牢记着这一信条，可以说这是他成功的关键所在。

我们在任何时候都要做到"心中有客户"，要为客户负责到底。虽然客户已购买了我们的产品，和我们成交了，但他还是我们的潜在客户，是我们所要挖掘的对象。因为客户认同我们以后，和我们做交易的机会会更多。我们应为下一次的合作做准备。因此，推销员有责任也有义务不断向客户提供各种售后服务。

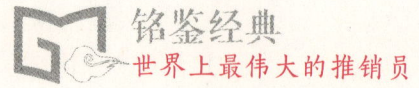

推销员语录

你的生意做得越大,就要越关心客户服务。在品尝了成功的甜蜜后,最快陷入困境的方法就是忽视售后服务。

04 永远不会结束

售后服务是一次推销的最后过程也是再次推销的开始,它是一个长期的过程。我们要树立起这样的观念:一个产品售出以后,如果所承诺的服务没有完成,那么可以说,这次销售没有完成。一旦售后服务很好地被完成,也就意味着下一次营销的开始。所以,销售永不止境,永远不会结束。

推销目标是在满足客户需求的基础上使自身利益得到实现。客户利益与推销员利益并不矛盾,而是相辅相成的两个方面。这两个方面的利益,在成交签约后可能并没有马上得到真正的实现。客户还需有完善的售后服务,业务员还需要回收货款,以及发展与客户的关系等等。因此,成交后进行的跟踪也是不容忽视的一个环节。

成交后跟踪是现代推销理论的一个新概念,是指推销人员在成交后继续与顾客交往,并完成与成交相关的一系列工作,以便更好地实现推销目标的行为过程。成交后跟踪的意义主要有下列几个方面:

第八章
不能忽视售后服务

1. 体现了以满足客户需要为中心的现代推销观念。

成交后跟踪能够使客户在购买推销的产品之后还能继续得到推销员在使用、保养、维修等方面的售后服务，使客户的需要得到了真正意义上的实现，并在交易中获得真实的利益。

2. 使企业的经营目标和业务员的利益最终得以实现。

取得一定规模的利润，是企业的经营目标，而获取报酬是推销员的利益，这两者都只能在收回货款后才能实现，而回收货款往往是在成交后的跟踪阶段完成的。

3. 有利于与顾客建立良好的合作关系。

通过为顾客提供服务了解顾客的习惯、兴趣等，有利于和顾客建立比较深厚的感情，从而有利于顾客再次购买或介绍亲戚朋友购买。

4. 有利于获取市场信息。

推销员可以通过成交后的跟踪，获取客户对推销品数量、质量、品种、价格等方面要求的信息，以便企业开发新产品。

实际上，成交后的跟踪已成为现代推销活动中不可分割的一个环节。它既是对上一次推销活动的完善，又是对下一次推销活动的引导、启发和争取。可以说，它的作用是巨大的，所以，它已被越来越多的人们所认识和重视。

推销员语录

成交并非是销售工作的结束，而是下次销售活动的开始。销售工作不会有完结篇，它只会一再从头开始。

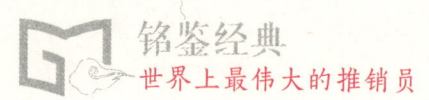
铭鉴经典
世界上最伟大的推销员

05 给顾客提供
      最完美的售后服务

推销就是为客户着想，就是把客户需要的产品送到客户面前，而不是把客户并不需要的产品硬塞给他们。"顾客是上帝"这句话在商场中被认为是一句至理名言。而以现代营销理念的观点对这句话进行诠释时，除了在销售过程中要让顾客有"做上帝"的感觉外，在享受售后服务方面也要让顾客有一种全新的体验。

售后服务是销售活动的一个重要组成部分，通过开展售后服务可以满足客户的一些需求；同时，通过提供售后服务可以起到联络感情、搜集信息的作用。有远见的企业和推销员绝不会忽视售后服务这一关系到企业发展和事业兴旺发达的至关重要的环节。

乔·坎多尔弗与他的客户保持着密切的联系。在成交之后，坎多尔弗都要给他的客户写张纸条或打个电话，恭贺他们，这会帮助他们排除购买者常有的后悔感觉。大部分的购买者喜欢在买过东西后得到正面的回应，以确定他们买了最正确的商品。

第八章
不能忽视售后服务

坎多尔弗打电话给客户:"汤姆,我现在感谢您昨天订购我公司的产品,有机会同您做买卖,我真的很高兴。如果有什么需要我帮忙的话,请给我打电话。"

坎多尔弗或是这样给客户写便条:"亲爱的约翰,祝贺您今天下午做的关于您家庭生活保险的新决定。如果我今晚不祝贺您,就会感到太晚了。这确实是建立未来美好金融规划的重要步骤。我希望我们的会面是今后保持长期联系的开始。再一次感谢您与我们做生意,并祝福您每件事都取得成功。"

坎多尔弗还定期给客户寄生日卡或圣诞卡。

有一次,有一位成功的企业家对乔·坎多尔弗说:"我十分喜欢你寄给我

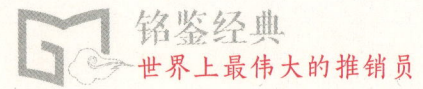

的卡片。"

"为什么?"

"因为你寄的卡片与其他人的不一样。"

"有什么不一样?"

"每张卡片都有独特和亲切的人情味。"

此外,坎多尔弗还会定期访问老客户,向他们了解目前的家庭状况和事业发展状况。

坎多尔弗自豪地说,他一天24小时都在打电话,包括周末。他说,一个推销员没有任何借口不与顾客保持不断的联系。坎多尔弗的做法打动了客户的心,也赢得了事业的成功。

优秀的推销员都是优秀的服务人员,都把自己看成是客户的顾问而非推销员,一定要有这样一个理念:我们是用产品或服务去解决客户问题的人。售后服务可以充分显示出推销员的诚意,也可以借此拉近与顾客的关系,满足其心理需求,使顾客充分感受到舒适和惬意。

推销员语录

第一次成交是靠产品的魅力,第二次成交则是靠服务的魅力。

第八章
不能忽视售后服务

06 永续服务，永久客户

许多推销员在将产品售出后便不闻不问。须知，没有售后服务的销售，在客户眼里是没有信用的销售；没有售后服务的商品，是没有保障的商品；而不能提供售后服务的企业和销售人员，其最终也无法赢得客户的信赖和忠诚。

推销员在销售其产品时就必须给客户以真正的服务，将一切情形详细说明。要时常强调你的产品所需要的不是别的东西，而是周到的服务，以及各种你自己制造的，或介绍的精致零件与配合物品。推销上的服务工作与机械上的服务工作要密切配合，这些都是很重要的。

赢得终身的客户靠的不是一次重大的行动。要想建立永久的合作关系，你绝不能对各种服务掉以轻心。做到这一点，客户就会觉得你是一个可以依靠的人。或许你会认为做到优质服务并不是什么复杂困难的事，但它需要一种持之以恒的自律精神。

有时候，客户对你发牢骚，如果你能正确对待，那么这也是一种为客户服务的工作。

一天,当一位推销吸尘器的推销员外出推销拜访时,他拜访了一名拥有3部"电豪"牌吸尘器的客户。

客户对推销员说:"我是'电豪'的忠诚用户,我在楼上、楼下各放了一台你们公司的吸尘器,我还有一台打光机也是你们的产品。但是你知道吗?你们公司的推销员卖给我这些机器之后,就不再出现了。"

推销员回答说:"现在我在这里,下面让我看看你的机器。"

客户请他进去,他进去后马上将吸尘器的管嘴拆下来,并开始清理。然后他将一个标签贴在机器上说:"如果你有任何问题或需要,请你一定要打电话给我。"客户十分满意地接受了。

出于习惯,他接着说:"既然我现在在这里,就让我展示一下我们公司新的地毯清洁剂以及新的吸尘器。"虽然他知道这位客户不会购买任何东西,但是他还是详细地为这位客户介绍新产品的每一个特性。

第八章
不能忽视售后服务

听他讲完后，客户表现出极大的兴趣，说："哦，我喜欢，我可以拿我的旧吸尘器折价换购吗？"

推销员最后以折价换购的方式卖给客户两台机器，这位客户则为推销员提供了3个邻居与3个亲戚的名字，之后这6个人都向他买了东西。这位客户在教会里也十分活跃，因此他还提供给推销员一长串的教友名字。结果是，在接下来的6个月里，推销员卖出了额外的50台机器。

每当客户抱怨时，如果你能把握住时机，适时加以疏导，这对你是很有益的。其实，客户的抱怨，并不都是客户的错误，他的不满可能完全是有理由的。在推销行业中有一句老话："客户总是对的。"如果客户不满的表示是对的，那么你就不要再强词夺理地去证明他是错的了，你应该自行改正错误，自行更换一些的确能对客户有所裨益的产品。

抱怨有时也常能转变成为一种促进友谊的方法。抱怨产生后，你要立即设法补救，要与客户保持密切的联系，要让客户知道一切进展的情形。

许多的推销实例都证明，新生意的来源几乎全来自老顾客。几乎每一种类型的生意都是如此。假如买了一部新车，就会常觉得自己是"次"代理商。因为你对新车的热情，你会跟邻居、朋友及相关的人不断提买车的事，结果成了车商的最佳发言人。

所以，无论推销什么，优质的服务都是赢得永久客户的重要因素。当你提供优质的服务，与你的客户经常保持联系的时候，无论出现什么问题，你都能与客户一起去解决。但是，如果你只在出现重大问题时才去通知客户，那你就很难博得他们的好感与合作。客户都比较欣赏高质量的服务。他们愿意一次又一次地回头光顾你的生意，更重要的是，他们乐意介绍别人给你，这就是所谓的"滚雪球效应"。

托德·邓肯告诉我们："服务、服务、再服务。为你的客户提供持久的优质服务，使他们一有与别人合作的想法就会感到内疚不已！成功的推销生涯正

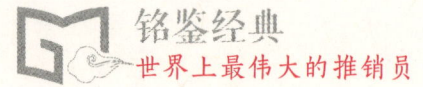

是建立在这类服务的基础上的。"

推销员语录

不要卖而要帮,卖是把东西塞给客户,帮却是为客户做事。

07 与客户
　　联络感情

　　不嫌麻烦、经常联系是那些推销高手维系客户的方法。保持与客户联系,可以提醒他,你并没有忘记他。而一旦他再有商品方面的需求,就会在第一时间想到你。

　　因为推销使顾客与推销员建立了感情基础,常常交流又使双方结下了深厚的友谊。于是,客户不但成为商品的受用者,而且也变成推销人员的好朋友。

　　陈东最近买了一所房子,房子很大,但价钱也很高。买了房以后的陈东总有一种买贵了的感觉,越想越觉得这房子买得不值得。就在他买了那所房子几个星期之后的一天,卖房子的那个推销员给陈东打来电话,说想要登门拜访,和陈东预约一下时间。陈东答应了他的拜访,把时间定在了

第八章
不能忽视售后服务

周末的上午。

周末上午，推销员来了，他一进屋就说陈东选择了一所好房子，并表示祝贺。他一直跟陈东闲聊，讲了当地的许多小故事，然后又邀请陈东随他在小区里转一转。在小区里闲逛的时候，推销员指着其他房子和陈东购买的房子进行比较，指出陈东的房子的优越之处，还告诉陈东，附近几个住户都是有身份的人。

推销员的一番话，让陈东很是开心，他现在认为这个房子买得很值得，以前的抱怨一扫而光。那天，推销员周到的服务让陈东大受感动，他表现出的热情甚至超过卖房的时候。陈东相信这名推销员的业绩一定会很好，而且提升很快，因为他给了顾客温暖。

推销员用了整整一上午的时间来拜访陈东，而不是去寻找新的客户。也许有人认为他这样做没有意义，事实上他所做的一切都是有计划的，因为他知道，只有让客户满意才能使自己获得好的声誉，才有更多的客户来这里购买房子。一周之后，陈东的一位朋友来做客，对旁边的一幢房子产生了兴趣。陈东便把那位推销员介绍给了他。朋友并没有买那幢房子，而是从推销员手里买了一幢更好的房子。

推销大师坎多尔弗说："全力发展新客户，不要忘记老客户，他们说不准哪天就会给你介绍一个新客户。"所以，一定要经常保持和客户的联系。与客户联络感情的方法通常有：

1. 拜访。经常去拜访客户是重要的方法之一，拜访并不一定是为了销售，其主要目的是让客户感觉到推销人员对他的关心，同时也是向客户表明企业对销售的商品负责。但在拜访的时候应该注意一个问题，即应尽量使拜访行为更自然一些，不要让客户觉得推销员的出现只是有意讨好。

2. 书信或电话联络。书信、电话都是联络感情的主要工具，在日常生活、工作中被广泛使用。当有些新资料需要送给客户时，可以以书信的方式寄给客

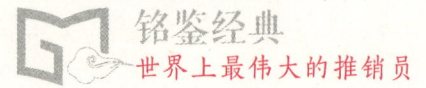

户。如果有时间时，可以与客户通个电话，偶尔几句简短的问候会使客户感到高兴。

3. 赠送纪念品。这也是一种经常使用的方法。成功的销售机构和推销人员会为其客户提供包括赠送纪念品在内的各种服务。这种方式主要有两个作用：一是满足人们贪小便宜的心理；二是可以借此作为再次访问以及获取信息的手段。

4. 了解客户背景。与客户联络感情时，不管在任何时间、地点，销售人员都应该有意识、有技巧地询问客户的背景，包括其家庭背景、职业背景及社会背景。对于这些客户背景资料，推销人员应及时地加以记录、整理。对客户的背景了解得越多，就越能把握客户，从而增加销售机会和成功的概率。

你的客户可能是你多年的金矿，记住经常同客户保持联系，点燃他们心中的火种，并帮助他们，与他们建立深厚的感情，他们就会到处向别人述说你的好处，而你的推销业绩肯定也会大大提高。

记住，与客户联络感情是很重要的一件事情，即使不做售后服务，打一个友谊性的电话也可以。养成回头探望客户的习惯，你会拥有无尽的"人物链"！

推销员语录

走向客户之前必须给自己一个告诫，我的目的是卖出产品，但是手段是和客户建立良好的感情。